青春動力學

41個
喚醒內在原力
找到夢想支點的起手式

蔡淇華 著

青春動力學

目錄

2 溝通互動

3 社會參與

4 終身學習

推薦序

青春裡有桃花源，也有修羅場

《唐鳳：我所看待的自由與未來》作者、品學堂文化長　丘美珍

我與淇華老師是透過文字結識的。

那時我還在出版社的編輯部工作，主要的任務，就是找尋有魅力的作者。我記得那是個典型的台北夏天，又溼又熱。我外出洽談公務，結束之後不過走了幾步路，就已經覺得暑熱難當。於是我躲進捷運站附近的三民書局，一邊感受迎面而來的冷氣，一邊瀏覽架上的群書。然後，有一本裝幀很特別的書，吸引了我的注意，是一位我沒有聽過的作者。隨手翻開那本書之後，我看到一則作者書寫哥哥的故事。淺白的文字卻承載了濃烈的情感，讀者在字裡行間隨之欣喜、憂慮、婉惜、釋然。「怎麼會有這麼好的文字！」

我驚豔了。這時才翻到封面，重新仔細的看了作者的名字：蔡淇華。

當天下午回到辦公室，我立刻從臉書搜尋到淇華老師的資料，直接發Messenger過去跟他聯絡。一個月之內，我就簽好了他下一本新書的合約。

經過了這幾年，淇華老師已經變成杏壇的名師、文壇的人氣作家。這一切當然是因為他不間斷的努力，跟離開出版業的我，已經沒有關係了。如今我甘於當一個幸福的讀者，讓他的文字引導我進入幻境，那裡有桃花源，也有修羅場。

這本《青春動力學》，讓我重新體驗到他文字中的秘境。淇華老師本來就能寫詩，而且寫得極好，好到得過台北文學獎新詩首獎。詩人的底蘊，讓他在描摹學生群像時，總是能將青春寫得燦爛輝煌。學生們那些遠大的夢想、那些勇於讓自己從平凡蛻變為不凡的勇氣，在他筆下閃閃發光，召喚出每個讀者想要拔地而起的凌雲壯志。

書中〈飛輪力〉那一篇，尤其讓我印象深刻。有一個來自屏東的學生，異想天開的要去念西點軍校，試問，從屏東到西點有多遠？如果是搭飛機，要先飛越廣闊的太平洋，再橫越整個美國，才能直抵東岸。這是將近一萬五千公里的漫長旅程。

但這不只是台灣到美國的距離，而且是一個天真孩子蛻變成無畏戰士的旅程。淇華老師陪伴這孩子一步一步的逐夢，看著他從英文不好到英文很好，從一個普通學生變成模擬聯合國的幹部，看著他高中畢業之後，捨棄清華大學，進入陸軍官校。結果呢？他成功了嗎？我姑且保密。但光是回顧這整個過程，就已經是一個足以改編成影視題材的好故事。

但是，青春不只有亮光，也有陰影。青春的孩子，心裡不只有桃花源，也有修羅場，那裡有對這個世界的不安與憤怒，有對自己的懷疑與掙扎，有人想要挑戰法律突破瓶頸，有人想要快速致富增加身價。這些負面的能量，就像是年輕孩子心裡的鼓聲，有時低迴有時急促，顛覆了日常的秩序，打亂了前進的步伐。

〈思辨力〉一文中，提到淪為詐騙車手的年輕人，如何一步一步走向無法回頭的人生。當我們隨著淇華老師的文字，與詐騙車手面對面、目光接觸那一剎那，彷彿瞬間望進一個生澀單純的靈魂。此時此刻，我們不禁想要開口探問：你何以至此？

正是因為青春如此動盪，我們更需要淇華老師的文字相伴。有些靈修的人相信，世人需要召喚指導靈相伴，如此便能得到珍貴的智慧。但對我們來說，智慧不假外求，有淇華老師的這本書相伴，已經足夠。

推薦序

在這本書中，每個人都能找到勇敢向前的力量

職涯實驗室創辦人 何則文

想不到這一本寫給中學生的書，打開第一頁就讓我感動不已。即便已經是一個在社會上打滾數年，也在經營事業的我，都能從淇華老師的文字中獲得許多養分跟動力。我覺得，這本書不只中學生都應該讀過，每個有孩子的父母跟老師，都值得珍藏一本細細品味。

我常常去高中分享時，都會講起我高中的一個往事。

我念高中的時候，不只是全校第一，還考過北區聯合模擬考第十八名，你知道那是什麼概念嗎？簡單的說，我光是模擬考成績都可以穩上台大法律了，當時我覺得我一定會上台大，就算怎樣失常也會有政大。

這時候我都會問台下聽講的同學：「你們一定覺得很好笑，一個三十幾歲的人來演講，竟然分享模擬考幾分這種雞毛蒜皮的小事，對一個出社會多年的人，模擬考考怎樣根本不重要吧！誰在意啊？」對，人生每個階段的事情很多都這樣，過了十年後，我們可能都不在意，而當時認為的倒楣事，或許其實都是祝福。

那年我學測考了六十四級分，卻沒有申請學校，因為想上第一志願，直接去拚指考。最後指考失常大爆炸，不要說台大政大，而是上了之前想都沒想過的中興大學歷史系。在那個當下，我真的是悲憤交加，認為老天真的太不公平了，畢竟我高中都留級念四年，從一個大小過不斷、全校倒數第二名整天鬧事的小屁孩浪子回頭，最終想要的精采故事卻沒能成真。

過了十幾年後，我反而覺得那是老天給我最大的祝福。離開台北到中部念書，我才開始真正認識我們的家鄉台灣，跟著老師到處田野調查、訪問耆老，也開展了我的眼界。而這些過程反而讓我更認識自己，慢慢找到自己的價值觀跟信念，也更知道要成為怎樣的人。

真要說唯一可惜的事情是，這些事情是在我出社會多年後，才慢慢摸索跟體悟出來。因此，我覺得現在的孩子真幸運，在中學階段，就能有淇華老師這本《青春動力學》的真摯分享。

雖然很多人把我當成一個「青年表率」，但除了考大學失利，我在求職的時候也被多次拒絕，創業不怎麼成功，燒了幾百萬；即便後來我出了幾本書，有些名聲，受邀到很多大學致詞等等，感覺是個「成功人士」，但仍然不斷遇到很多的挫敗、連續五次申請研究所被打槍，或者被其他人認為歷練不夠而不看好等等。

但其實，如同淇華老師書中說的，人生有時候「不是失敗，而是還沒成功」。被逼下絕境，摔落懸崖，反而才能展翅高飛。揮棒可能落空，但害怕失敗而躊躇，打擊率永遠會是零。在這本書中，即便我已經離中學很遠，也能在其中找到屬於自己繼續勇敢向前的勇氣。

走筆至此，才發現，這時代的孩子真的很幸運。我們那個年代，高中生都傻呼呼的，腦中只有想著要上頂大名校，光宗耀祖，至於科系，哪個分高上哪兒強。每天就在無盡的試題、考試、晚自習跟補習中度過。完全沒想過以後要成為怎樣的人、做怎樣的事情。

但現在的大家，擁有的是無限的機遇，可以從高中就開始定義自己的人生，找到自己的「獨特」，用學習歷程塑造自己的「品牌」。別怕與別人不同，不需要跟別人做比較，每一天都要成為更好的自己。從淇華老師一篇篇的故事中，我們知道，在這個疫情後的網路時代，只要能了解自己的本質，探索出方向，大家都能創造出無限機會，玩出屬於你的燦爛人生。

現在，打開這本人生的導航書，找到屬於你的人生遊戲攻略吧！

好評推薦

宋怡慧 新北市立丹鳳高中圖書館主任

淇華的文字帶著熱情的筆鋒，卻蘊含理性的思辨視角，讓你從觀照自己、與人溝通、參與社會三個面向找到前進的動力。

《青春動力學》給予你精準的學習策略，讓你不怕走錯，因為淇華在終點為你提燈。甚至，你也不再害怕跌倒，他在身邊為你加油。走在大無畏做自己的旅途，跟著淇華一起前進吧！

林怡辰 彰化縣二林鎮原斗國民小學教師

《青春動力學》是師長、家長不可錯過的未來之書。

蔡淇華主任以自己生命為底，和中學生互動的精華為墨，寫下年輕學子在人生道路上的迷惑和解方，實例和方向。用生命時間鍛造的精華，為您和孩子提了一盞洞見未來的燈，不容錯過！一書二用，更是學習寫作實戰之作！

黃國珍 品學堂創辦人

閱讀蔡淇華老師新作的過程，像是觀賞一齣名為《青春動力學》的動人影集。淇華老師在書中以自身過往的生活為本，藉由一段一段動人又值得深思的故事，凝練出四十一個驅動生命的力量，給予讀者激勵與啟蒙，讓青春充滿動力。

陳清圳 雲林縣立樟湖生態國民中小學校長

台灣未來十年將是一個群體共創福祉的社會。也因此，面對自己，能不斷理解自己、主動探索；面對他人，以對話連結、參與實踐；面對環境與社會，能深度反思、尊重關懷，進而共生衍化，與世界做真正連結。

淇華以自身的經驗，化為內在原力，揭開人類的文化底蘊，書寫出世界的警世大鐘，為未來訂出價值之路。是近十年難得著作，極力推薦。

愛瑞克《內在原力》作者、TMBA共同創辦人

以前我在投資圈聽過一句至理名言：「學校教不出老手，除了經驗還是經驗。」淇華此書讓我頓悟：要成就一位名師，除了經驗還是經驗！從書中一篇又一篇動人的真實故事，讓我思維跟著進化，恨不得想當他的學生啦！

作者序

《青春動力學》使用說明

暑假第一個星期，校刊社的小珊傳來訊息：「我高一的課業慘不忍睹，高二選擇社會組數B，未來可能念教育或是社會系，自己沒信心，也不太清楚。想請問老師，我的學習歷程能做點什麼？」

小珊即將接任校刊社主編，害怕她投入社團，會影響課業。所以約她隔日會談，一進辦公室，問了她第一個問題：「你知道教授看學習歷程的時候，最想看到什麼嗎？」

小珊茫茫然的搖頭。

「他們希望看到你的『人格特質』、『核心能力』還有『科系相關』。『人格特質』就是你學習的熱忱與做事的態度，另外，學科表現可以看出你的『核心能力』與『科系相關』，能告訴我你對哪一科比較有興趣嗎？」

「我英文不好，但是我很想把英文學好。」

「很好，你覺得英文要怎麼學，比較容易學好？」

「我知道單字最重要，但不知道該如何加強。」

「其實英文是『用』會的，不是『學』會的。因為你已經浪費一年，現在時間有限，這樣好不好，我用『動力學』的概念，幫你設計一個同時用會英文、完成小論文、編好校刊，而且可內化一〇八課綱三大素養的學習歷程好嗎？」

「『動力學』？那是什麼？這麼好用？」

「動力學（dynamics）是研究運動的變化與造成物體改變方向、改變速度、暫時性或永久性形變的學問。換句話說，如果我們懂得借力使力，就能做一份功，達到三到五倍功的效能。」

「老師，好玄喔，我聽不懂耶。」

「舉例來說，我指導你，你成功了，我將你的故事寫下來，可以放在我的臉書與雜誌專欄，之後結集出書，幫助更多與你遇到相同問題的學生。這是不是做一件事，造福了你、我、出版社與其他人。」

「老師，我好像懂了一點，可以用我的例子再說清楚一些嗎？」

「其實你可以稱它是動力學，也可以稱它是『複利效應』或『學習槓桿』。例如你可以用『學英文』當『學習槓桿』的支點，從聽美國一九六〇年代到二〇二〇年代的年度冠軍歌曲開始，比較他們的主題、歌詞常用字，還有文法。研究的過程中，你的英聽會進步；跟著唱，可以增進口說；研究歌詞可以增加字彙量；研究句型可搞懂英文文法；再用中英文發表為小論文和校刊專題，可以強化寫作能力。你這樣做一件事，是不是同時達成『學好英文』、『完成小論文』與『編輯校刊』三件事。」

「對吼，同學們對英文歌一定很有興趣！但是校刊不能只放我的東西啊！」

「沒錯，這就是主編需要的素養了，你動動腦，若以此為圓心，可以連結哪些企劃，最後變成一本有主題概念的校刊。」

「嗯……」小珊開始思考了，「也可以調查台灣最近六十年的流行歌曲。」

「很棒！很棒！如果要做問卷呢？可以問誰？問什麼問題？」

「習慣」是學習動力的核心
以態度出發，形成好習慣、有效連結知識點

「可以問問高中部與國中部同學聽什麼歌？聽英文歌的比例？」小珊越說越起勁：「還能夠知道他們喜歡哪些歌手，然後去採訪這些歌手！」

「可是你一個人不可能完成所有的工作啊！」

「沒關係，我可以召開編輯會議，與社員一起將完整的企畫做出來，然後彼此分工。如果社員有想念資工相關科系的，也可以合作，用ＡＩ分析歌詞的常用字。」

「太棒了！這就是『自主學習』與『溝通互動』的素養了，那你沒有想過，這個專題要如何結合『社會參與』呢？」

「老師，這太難了，我不知道耶！」

「『社會參與』常常和『社會倡議』相關，『倡議』就需要有『問題意識』，要懂得發問。你發揮一下好奇心，想一想，有沒有發現任何跟流行歌曲相關的問題呢？」

「有耶，像是最近王心凌重新紅起來，我開始去看對岸的歌唱節目，發覺他們唱的歌，都是我出生前的歌，會不會是台灣過去的流行歌有一些優勢？」

「你認為是什麼優勢呢？」

「好像，歌詞比較有意思，比較重視旋律，台灣最近流行的嘻哈，好像受西方的影響很大，歌詞比較白話，比較沒有那麼文雅。」

「這跟學校的語言教育可能相關喔！建議你可以訪問不同年紀的長者，一定可以得到許多有意思的結論。」

「老師，今天談得很高興，可是有一點怕我的能力不夠。」

「別擔心，有一本書叫《刻意練習》（*Peak*），兩位作者都是學有專精的教授，他們想打破《異數》（*Outliers*）這本書『成功需要練習一萬小時』的迷思。他們的研究發現，天才與庸才之間的差別不在天分，而在『刻意練習』。若想要達到專精的程度，只要採取三個步驟，那就是『設定明確目標』、『高度專注』，以及『意見回饋』。我們今天已經設定明確目標了，你回去只要做好時間管理，用『高度專注』在短時間完成你的每一個階段性目標，如果達不到，也不用擔心，馬上找我，我會給你『意見回饋』，教會你英文文法、編輯與寫作，並完成所有的目標。」

「哇！太棒了，老師，我不怕了。如果每一個學生都可以擁有這套『動力學』，那就太幸運了！」

「其實我把這套動力學寫在《青春微素養》與《青春動力學》兩本書中。《青春動力學》有四篇改寫自《野百合父親寫給太陽花女兒的40封信》這本舊作，其他四十幾篇，都是全新作品，也記錄了經歷一〇八課綱第一屆畢業生的真實經歷。」

「老師，出版後，我想讀。」

「一定會拿給你看，我更希望全國的親師生，都能抽空讀一讀，幫助像你一樣找不到方向的學生與社會新鮮人，可以找到青春動力的支點，然後所有的學習，都能充滿效能的動起來！」

小珊的學習歷程動力學

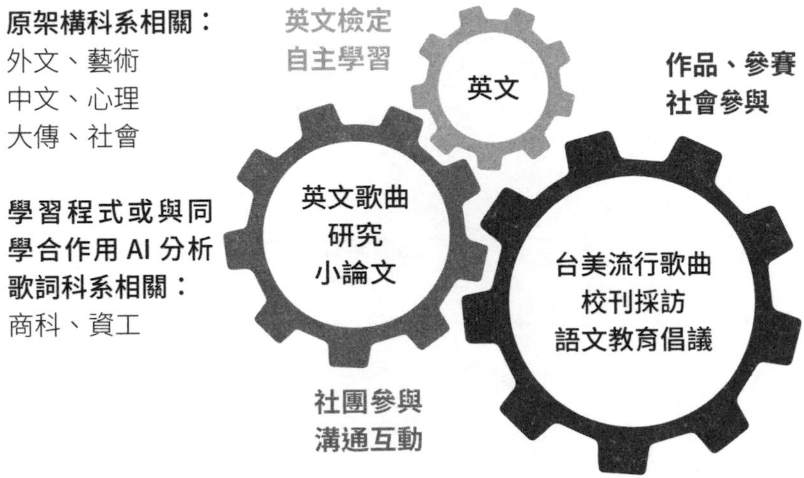
原架構科系相關：
外文、藝術
中文、心理
大傳、社會
學習程式或與同學合作用AI分析歌詞科系相關：
商科、資工
英文檢定
自主學習
英文
作品、參賽
社會參與
英文歌曲
研究
小論文
台美流行歌曲
校刊採訪
語文教育倡議
社團參與
溝通互動

1

自主行動

#原點力

原點，決定你的終點

你知道orient（東方）、orientation（導航）和origin（原點）這些字的字根都是rise（上升）嗎？

二十四年前，服務的廣告公司接了一個新案子。客戶做車燈，公司在彰化鹿港。

那日起得早，老闆、AE（廣告業務員）、設計師，和擔任文案的我，一行人浩浩蕩蕩從台北殺到鹿港。

穿著樸素的許董，開著進口的紳寶（SAAB）汽車來車站接我們，先吃頓日本料理洗塵，再帶我們參觀工廠。整個工廠由鐵架組成，非常陽春，經過一個擺設寒酸的房間時，設計師開玩笑說：「這是工友睡的吧？」

「不是啦，」一臉黝黑的許董搔搔頭：「這是我平常睡覺的地方。」

「什麼！」我們不禁驚呼：「怎麼可能。」這間房就只一張床、一張桌子，而那張床不過是一片三合板，加上一條花布棉被，感覺睡一晚，骨頭會痛到醒。

「我創業時到處借錢，幾乎撐不過來，現在有點上軌道了，」許董笑得很靦腆：「我怕自己會得意忘形，所以現在每個星期會有很多天睡這裡，提醒自己要記得創業時的原點。」

「原點？」這是我第一次聽到這個名詞，但這個詞彙對我的衝擊至今不息，甚至已盤根錯節成生命的深層結構，牢牢定義我此生的美麗與哀愁。

北返後，我也想學許董，回到故鄉彰化。雖然台北東區光鮮亮麗的廣告業實在吸引我，但月領一萬二，房租八千，扣掉生活開銷，一個月剩不到五百元，別說要還清家中欠債，連奉養親人都不夠。

我終於決定離開台北城，回到中部重新出發。因為工作所需，我花四萬元，買下一輛十三年高齡的喜美第一代老爺車。開著它，南征北討；開著它，追到現在的老婆；開到車底破洞，不堪修復後，才不捨報廢。

終於存夠買房子的頭期款，我興高采烈的邀請父親來「我家」坐坐。父親進入中庭後，就開始發表他對建築的專業：「公寓分三級，從建材就可以知道級別，你的公寓是第三級……。」

我那時臉上帶著笑，心卻在滴血，很想告訴他，流浪在台北時，房間兩邊都是木板牆，幻想以後若有一間鋼筋水泥牆壁的家，那就是天堂；很想告訴他，為了房貸跑補習班，好幾次開車時累到睡著，能平安回到家，躺在自己的床上，就是最踏實的活著。

這個家住到現在為止，也三十年了。期間經歷九二一的震損，雖然是父親口中的「第三級」，但感謝它保護家人安全無虞。如今部分牆面雖已斑駁，但我偶爾會想起台北蝸居時的木板牆，那是我流浪的原點，它提醒我今日付清貸款所擁有的一磚一瓦，是如此珍貴。也因此，俯仰其間，每一次呼吸都無比香甜。

當然，還有其他原點撐起我今日的幸福。例如，被容許參與他人的生命，一年，三年，甚至一生。

一九九二年我第一次在學校覓得教職，之後八年皆榮幸被賦予導師職。然而前三年都接高三，後母難為，常在建立師生情誼，摸熟帶領訣竅後，就得揮手自茲去。在第三個畢業典禮後，學務主任找我過去：「這三年辛苦你了，下學年你願不願帶高一？」

「好，好，當然好！」我忙不迭應好。在那年學期結束前的校務會議中，我在筆記本上一點一點寫下我的夢：「教師的唯一的產出是什麼？我們種不了稻米，我們無法製造電腦，我們亦無法貨暢其流，唯一的產出是『學生變得更好』，但『好』應是多面向的，為了達到這些『好』，我要導入外師協同教學、要在班會時請職場達人演講、要每學期外宿班遊，還要為他們開電影欣賞社、與孩子們在周末看電影、聊文學、說人生……。」那天會議結束後，我的筆記本被教學激情填滿整整五頁，那是我一生志業整裝出發的原點。

二十年過去了，現在我仍會不時回到那個激情的原點，總在被賦予任務時，感到莫大的光榮。

感覺陽光下身旁有人，心就滿滿的

是呀，那是個激情的原點，愛情也是。

讀高中時，我和死黨石頭最常聊的，就是對愛情的幻想。「如果讓我找到一生的最愛，」石頭總會彈吉他時，突然按住鋼弦，望著遙遠的遠方，悠悠的說：「我一定要好好的愛她。」

「我也是！我也是！」我在一旁點頭如搗蒜，和他一起耍白癡。但那個青春愛情的原點，我仍時常回去，石頭卻回不去了。

石頭大學畢業後，娶到了他青梅竹馬的甜美女生，那個高中時，常送克寧奶粉到石頭宿舍的國中同班女孩。而我在碰撞跌倒後，也勉強修滿戀愛學分，娶到了自認永遠追不到的夢幻女子。

走入婚姻後，石頭和我的事業都慢慢穩定。石頭成了月收入衝破百萬的名律師，而我在補教業也累積了財富。我們一起面對世間的種種誘惑，也一起動心起念，但我總會在即將迷航時，想起那兩個傻傻高中生，在青春夏日對自己許下的諾言——「如果讓我找到一生的最愛，我一定要好好的愛她。」

但石頭忘了，未能和我一起駛回那有愛有恩有情的港口。十幾年前他因在情愛上做錯了事，入獄多年。

石頭放外監假時，我們約在台北碰面，與出版社談他的出書事宜。結束後，我買了高鐵票，與他一起坐到新竹。石頭有點激動，不停說謝謝：「出事後，很多人都不見了，還好有你，一直都在，帶我走上寫作的路，又幫我找到出版社……。」我眼眶有點溼，捶捶他的肩：「唉唷，別這麼說，我也沒做什麼，只是覺得自己好像長不大，和三十年幾前一樣，看到死黨就好興奮，也不用做什麼，就混在一起。感覺陽光下身旁有人，心就滿滿的。」

原點力是不停留在一時的得與失

真的，「感覺陽光下身旁有人，心就滿滿的。」那是我友情的原點，從那裡出發，一路上我找到好多願意一起老的朋友，有他們，雖然旅途偶有顛躓，仍可憂患不懼，寵辱不驚。

給我「原點」概念的許董，人生旅途也遭遇過巨大的顛躓。他的公司由於擴充太快，被美國政府控訴違反《反托拉斯法》，被裁罰新台幣二十五億元，二〇一三年四月還必須赴美服刑二百八十二天。在監期間，事業合夥同伴因為受不了壓力，相繼死亡。同年八月，台灣兩千坪的廠房付之一炬。此時，人生窮得只剩下一個小櫃子的許董，又回到創業初期一窮二白的原點。

但說過「怕自己得意忘形，提醒自己記得原點」的人，是打不倒的。

二〇二一年，許董的帝寶工業再創高峰，成為台灣傳產新股王，年營收超過一百五十五億元，在北美市場，更有超過三成的市占。

許董連為公司取名，都不忘故鄉鹿港。帝寶「DEPO」這四個英文字母，則是取自deer（鹿）port（港）的諧音。對他來說，故鄉是所有愛的原點與終點。

記得命運給我莫大恩寵的那日，在陽明山中山樓的記者室裡，三十多個記者輪流對我發問。其中一個問題是：「請問得到這個教育界的最高榮譽，你有什麼感覺？」

我竟一時答不上來，因為我真的沒有強烈的感覺。得獎從來不是我生命中的規劃，我望著東方窗前山楓篩進來的陽光，很想這樣回答：「你知道orient『東方』、orientation『導航』和origin『原點』這些字的字根都是rise嗎？只要我們願意常走回生命純真的原點，就不會停留在一時的得與失，因為我們總能滿懷出發時的喜悅，不走錯，抵達正確的終點；也能在跌倒後，馬上躍起，再出發！」

#發問力一

好奇，是學習歷程的核心

教授們希望看到的申請動機，是「從自己身上長出來的」。

——台灣大學光電工程研究所　黃建璋教授

「你知道why比what重要嗎？」

「老師，我不懂耶。」

在高二專題課程中，學生秉翰（化名）提案，想要做一個建築模型，做為他的學習歷程。我想了解他的「動心起念」，所以問了他一連串的問題：

「你為什麼想念建築系？」

「因為我爸爸是建築師。」

「如果你在自傳和面試時這樣回答，會很扣分喔。」

「我講的是事實啊，為什麼會扣分？」

「上星期學校餐敘時，台大光電所的黃建璋所長告訴我們，教授希望看到的申請動機，是『從自己身上長出來的』。他們每次看到申請動機來自父母，都會搖搖頭。」

「『從自己身上長出來』？老師，這個我不懂耶。」

「『從自己身上長出來』指的是你的學習源自本身的好奇，這就是『PBL問題導向學習』（problem-based learning）的開端。例如，你覺得自己生活周遭有哪些問題？而這個問題可以連結到你想念的建築？」

「老師，我有一點概念了，我覺得台中市這幾年越來越熱，加上我們地處盆地，容易產生熱島效應，如果我以綠建築為我的專題方向，是不是很適合？」

「太棒了，這個議題是從你身上長出來的，你回去可以依此做一個自主學習計畫，最後以小論文或實體的建築模型，當做你的學習歷程。」

隔了一個星期之後上課，秉翰與高采烈的打開筆記本：「老師，你看，這是我安排的專題計畫表。因為一直在想降溫的問題，讀了很多文章，而且讀得很有感覺。」秉翰打開筆電：「老師，你看，這是竹北的大樓『若山』，建築師以『都市造山』概念，將建築打造成自然生態系統，可以讓房子降溫五度。」

「太棒了，我的朋友剛好是這家建設公司的員工，前年帶我去參觀。我發覺大樓可以引導風的方向，感覺非常涼爽。你有沒有想過，我們學校今年十月就花光了一整年的用電預算，這跟學校的風向有沒有關係？」

「老師，一定有，你看！」秉翰指著電腦上《天下雜誌》的報導：「張建築師畫淡水河旁的大樓設計圖時，將二百七十三戶拆成兩棟，與河岸呈斜角，讓河風從中穿越，後排建築看得見河，也吹得到風。但是我們學校的建築密集平行，阻礙通風排熱。現在雖然每棟都裝冷氣，但排出的熱風讓校園更熱。」

「所以你對自己的建築設計有想法了嗎？」

「有！有！我最近看了好多書和文章，發覺鋼筋混凝土建築物會蓄積大量熱能，所以一定要從通風與綠化下手。棟距和屋頂盡量採斜角設計，如果可能，也要使用不吸熱的建材，例如台中市府和市議會採用的複層低輻射（Low-E）玻璃，空氣層可阻絕熱對流……。」

好的學習歷程是「有趣動人的故事」

秉翰的轉變太令人訝異了，不過幾個星期前，他才在上課時責怪市府採用玻璃帷幕建築，一點都不環保，想不到他現在因為「自主學習」，知識更多元，思考也更周延。最重要的，這個班剛開學時，只想坐著聽，但現在整個班的主調，已經從「老師的教」轉回到「學生的學」。

「你不一樣了，我滿感動的。」

「老師，說真的，你上次講的『問題導向學習』真的很棒。以前根本就不可能自己找東西讀，但現在針對身旁的問題發問，讀東西變得越來越有效能，不僅吸收快，而且一篇文章會連結另一篇文章，一個問題會連結到另一個問題。例如，看到這麼多綠屋頂的文章，我就會再次好奇，這麼好的東西為什們都市很少使用，所以我主動問了一些建築師。我以前怎麼可能有膽子去問陌生人，但現在，為了解決心中的好奇，整個學習的動能都起來了。」

「秉翰，你知道嗎？你已經不用再擔心多元選修課、自主學習課，以及專題課到底要上傳什麼到學習歷程了，因為**學習歷程重質不重量，學習歷程不是集點運動**。就像黃建璋所長所講的：『**我們根本就不在乎學習歷程的厚薄，我們只期待看見一個『有趣動人的故事』。你剛剛講的，就是一個有趣又動人的故事。**」

「真的嗎？」秉翰很興奮，「我有講出好故事嗎？」

「**當然！故事有三大核心，第一是不幸，第二是衝突，第三是過程。**」

「不幸？」秉翰有點困惑。

「是的，**幸福不是故事，不幸才是**。所以我常說，世界的缺口是學習歷程的出口。當你對全球暖化、都市熱島效應、校園通風不良等『不幸的事實』產生問題意識，故事就有了起點。就好像英國雪菲爾大學招生官和我分享的，why比what還重要，也就是說，學生為什麼做這個作品，比他做出什麼作品更重要。因為why就是動機，有動機的學生才有前瞻性。」

「那麼『衝突』是什麼？」

「『衝突』產生戲劇張力，例如，用便宜的建材是否與綠建築衝突？通風是否會與坪效產生衝突？這些衝突的碰撞及解決，是學習的節點，也是人類知識的起點。」

「老師，你講得有一點深，我不是很了解，但『過程』應該會容易一點吧？」

「過程就是提出問題、研究、提案，再產生另一個問題的滾動式學習過程。這也是教授們最喜歡看見的學習歷程。因為從其中，**可以看出一個人閱讀的廣度、思考的深度、學習的態度、提問的高度、連結的效度，以及最重要的是對人類的溫度**，就像你現在做的一切。就算你最後找不到答案，甚至沒有完成很厲害的作品，都沒關係，因為你的『歷程』已經證明你就是我們要的學生。所以說，學習歷程裡最重要的不一定是結果，而是『過程』。」

「老師，因為這幾個星期的摸索，我真的懂了。總之，有『問題意識』的學習真的很重要！」

下課後，秉翰又和我約好星期四第五節的自主學習時間，想要討論如何尋找下一個業師。我感到很高興，又有一點悵然，因為在學校排定的自主學習時間，有超過三分之二的學生仍是坐在學校排好的空間，閱讀下一節的考科。這些學生會像秉翰一樣，因為在自主學習中得到學習的樂趣，而種下終身學習的種子嗎？我不曉得，但我知道，如果有更多的老師願意花時間和學生們**聊聊這個世界的缺口，最後在這些缺口中找到學習的出口**，甚至一生的志業，相信他們這一生必定可以產生「有趣動人的故事」。

#特殊力

想參加特殊選才，先找到自己的特殊

特殊是「好奇別人不好奇的」、「閱讀別人不閱讀的」、「堅持別人不堅持的」。

「老師，我想試試清交的特殊選才。」

這幾年越來越多學生，對不需經過學測即可申請入學的特殊選才管道興致勃勃。但我總會反問：「那，請問，你有那些特殊之處？」

一一〇學年度特殊選才名額增加到五十四校、五百一十二個科系，提供一千四百五十三個名額，比一〇九學年度成長一六%。名額增加許多，但不同科系卻需要不一樣的「特殊」。

例如，台灣師範大學一一〇學年度特殊選才（獅子座計畫），國文學系報考資格為：全國性國語文競賽高中學生組（國語演說、國語朗讀、作文、寫字、國語字音字形）前三名或特優。

成功大學台灣文學系一一〇學年特殊選才的新增資格條件為：對於台語、台灣客語、台灣原住民族語或東南亞語文有特別專長者。得過直轄市文學獎的優秀學生于棋，看了簡章後，知道自己不符合台師大國文系的資格，於是改投成大台文系，獲得錄取。

除此之外，特殊選才也提供許多名額給弱勢學生。例如，中央大學有三成名額保留給家庭社經背景相對弱勢的考生。

開出最多特選名額（九十四個）的台灣大學，就有五十個是給偏遠地區高中生適用的「希望入學」。

幾乎所有的大學，對入學後的弱勢學生，會提供經濟上的補助。例如成大全校不分系學士學位學程，低收入戶學生免繳報名費，還補助考生參加甄試的交通費及住宿費。入學同學可獲得第一學年學雜費及住宿費全免的補助，同時也特別安排導師進行學業輔導。未來每年只要課業成績達標，就能延續學雜費及住宿費全免的補助。

四年前我輔導過的學生林芳如，後來申請上了清華大學「拾穗計畫」的特殊選才。她不僅每年拿到學校的獎學金補助，還成為二〇二二年畢業生的致詞代表。二〇二一年輔導兩位特選上清大的學生，在放榜沒幾天後，清大的教授們已主動聯絡，討論未來的補助計畫。

能力主要來自「自主學習」

張乃方是體育班學生，高一時她走進我的辦公室，勇敢的說：「我想要學寫詩。」我們從此結緣。一下時她加入校刊社，而且當到副總編輯。她家境不好，國中時用比賽獎金買了筆電，主動找電腦老師指導她寫程式。

乃方的專長是輕艇，但因為受過傷，高中時已拿不到大獎；她的詩拿到小獎，但寫作能力並不突出；她的大學程式設計先修（Advanced Placement

Computer Science，APCS）檢定屬中上，但程式能力並非特優。然而，在一〇九學年特殊選才，她卻錄取了台灣大學、清華大學、成功大學、中正大學等多所校系。她最大的「特殊」，在於逆境向上與主動學習。

乃方很有想法，她覺得體育班有保留的價值，但在課程的分流與選手的生涯規劃，還有許多可改善的空間，因此她不斷的找資料、找老師討論、發表。最重要的，她非常樂於助人，常常主動協助功課跟不上的同學。

她將這些歷程整理起來後，讓我們看見一位學業並非頂尖，卻足為楷模的學習本體。**這樣的歷程很清晰的呈現出她「學習的積極度」、「思考的深度」、「閱讀的廣度」、「品格的高度」，以及「面對逆境的態度」。**

因為主動積極，乃方在網路上遇到了同樣特質的朋友，他們也都靠特殊選才升上理想的大學。他們一起自學、一起組隊參加比賽、一起討論創業。二〇二二年三月，台灣疫情尚未爆發前，我邀請他們來高二專題課分享，晚上餐敘時再詢問他們七人「特殊」的學習歷程。

一〇八學年靠特殊選才錄取清大的江仲淵，高中時就毅然休學投入寫作，迄今已出版四本書，創辦的臉書粉絲專頁「歷史說書人History

Storyteller」，追蹤者超過三萬。靠著自學，江仲淵閱讀了大量中國近代政治人物的一手史料，投稿到網路平台，受到熱烈回響。

江仲淵在清大面試時，滔滔不絕的講述自己對歷史的喜愛。面試官彭心儀博士表示：「**他講到有興趣或有自信的主題，眼睛會發亮**，所以面試結束後，教授們幾乎都沒歧見，決定錄取他。」

另一位一〇九學年特殊選才錄取清大的江承蔚，有注意力不足過動（ADHD）的特殊體質，但是他卻對幫助身障者的發明非常有興趣，至今已經累積了三十多項國際發明獎。因此他雖然念的是高職，一樣是大學端喜愛的可造之材。

不被框架綁住，找回對世界的好奇

就讀台中一中的彭威翔雖患有腦性麻痺，但為了探討古漢語，自學自然語言分析（natural language processing），並主動寄電子郵件向多位大學教授請益。另外，為了推動《身心障礙者權益保障法》的修法，試著開辦

podcast頻道，以消弭社會歧視。他更活用自學程式，帶領團隊完成跨國機械螺絲公司射出機之內管系統、太陽能電廠管理系統、手機電子化名片app程式等，豐富的社會參與經驗，幫助他錄取了一〇九學年清大特殊選才。

就讀華江高中的林奇葦，同樣錄取一〇九學年清大特殊選才。林奇葦喜歡打電動，他知道在遊戲世界裡，道具及軟體都是能夠賺錢的。他發現，從國外進貨會更便宜，進而主動跟國外洽談。不過因為競爭激烈的關係，需要自學如何投放廣告、跟顧客溝通、設計文案。

在正規的教育系統內，林奇葦創業不被老師認可，所幸在朋友及家人的支持下，奇葦義無反顧的做下去。在自學的路上，他發現網路資源雖然成千成萬，但受限於地域環境、演算法、資訊不對等，無法確實與需求者產生連結，於是他與實驗教育工作者合作，建立一個互助共好的社群「島島阿學」，從老師的視角出發，看到了現有教育的侷限，也從學生的角度觀察到教育的困境。這些創業與自學的經驗，打動了甄選教授的心。

如果你曾參加全國大賽得獎、擁有特殊的學習經驗與專長，或是來自弱勢，卻有逆境向上的事實證明，那麼你可以試著申請特殊選才。

最後，張乃方想提醒有意嘗試的學弟妹們：「你應該好好恢復自己的好奇心。」

若是參加學測，以乃方的學術能力，她很難考上頂大，然而她與其他特選的朋友們一樣：**「好奇別人不好奇的」、「閱讀別人不閱讀的」、「堅持別人不堅持的」。好奇是知識的起源，閱讀是知識的節點，而堅持，才是成功的保證。**有這樣特質的學生，不管最後能不能靠特選上大學，也必能創造自己的成功，抵達別人走不到的地方。

#核心力

念大學是為了「找核心」

考壞了，有時是好事。填志願前你必須知道的七件事。

「克漏字填錯一格，多扣九分！像台大和台師大這些名校我都填不到！」一個平日很努力的學生，因為學測英文填錯一格，整整少了兩級分，心情如槁木死灰。每年放榜後，永遠是幾家歡樂幾家愁，而且愁家一定比歡樂的人多。但沒考上名校，真的是壞事嗎？以下是提供給考生填志願前必須知道的七件事，看完後，或許你會有不同的想法：

一、考不好懷憂喪志，好學校都會念成壞學校

和今年（一一一學年度）參加學測的同學一樣，我考高中和大學時，都剛好遇到了歷史上數學最難的一年。第一年考高中時，數學難到女中的錄取分數比一中低二十五分。考第二年時數學「正常出題」，那年女中錄取分數高過一中，可見出題的難度真會影響幾十萬人的命運。對我的影響則是：我重考一年。

考大學時，我選擇社會組，結果那年出題真的是「惡搞」，社會組數學比自然組的難，全國平均才十五分，我考了十二分。上不了國立大學，胸中總有塊壘，日日心存不平，很難專心向學，結果念到留級。

畢業多年後，從同學J口中得知，系上名師如林，一位許老師手把手帶她，讓她考到托福滿分，還申請到國外名校，最後成為美國兩個州的終身教授。然而我只是書空咄咄，入寶山空手而回。

所以建議同學們，不要因為考場一時的失利，長期懷憂喪志。如果不滿意考上的學校，要嘛重考，要嘛卯起來參加轉學考，不然心不甘情不願，不僅虛度青春，再好的學校都會被你念成壞學校。

二、被分數決定的校系，可能才是最適合你的「好校系」

日前看牙醫，發現彼此同年次，不約而同聊起當年高中聯考數學超難的往事。巧的是，我們都被分發到二中。

「考到二中，一開始我也很不開心，」牙醫師笑著說：「但發覺老師教得不錯，而且月考名次很前面，所以越念越有興趣，最後拚上了牙醫系。」

張開口的我，無法回答，也無顏回答，因為我雖然重考上了一中，卻遭遇一生重大的挫敗：英、數、理、化永遠考不及格。

上星期和高中老同學茶敘時，他提到當時的不堪：「到了一中才知道學生分三級：第一級是不念書也能考九十幾分的天才，第二級是勉強念到及格線的人才，第三級就像我們，不管怎麼念，永遠考二、三十分的蠢才。」老同學講得義憤填膺：「以前考不好會找藉口，是不想念才念不好，其實是因為考題太難、老師講的都聽不懂。是整個學校逼我們放棄啊！」

老同學大學考到逢甲，發覺會計這門課只需要用到加減乘除，可以避開害怕的數學，所以他越念越有興趣，最後考上國稅局和會計師執照，現在經營有成，擁有自己的會計師事務所。

而我畢業後曾到貿易公司工作，甚至當到進口部門的小主管。在工作一年八個月後，我決定離職，因為發覺工作每年都一樣，就是進一批貨，再賣一批貨，經商無法帶給我快樂。那時才知道，數學考垮了、沒能填上最想念的商學院，其實不是壞事。

聯考的分數「分發」我到英文系，但英文一直不是我的專長，我也念得不快樂，但在職場翻滾多年後，發現這個科系竟然可以給我考教師的資格。擔任教職後，才發覺這是世上最適合我的工作，因為學生每年都不一樣，我必須為學生學習和創造，而學習與創造是我最快樂的事。

所以考壞了，有時是好事。

三、念大學是為了「找核心」

一位大學時念私大夜間部統計系的老朋友，現任國立大學的經濟系系主任，詢問改變她的求學歷程，她用「核心」的概念解釋：「其實統計系的『核心』是數學，但因為我不怕數學，越念越有興趣，就有了深造的念頭。在研究所發現統計是經濟學的重要核心，所以我念經濟學如魚得水。」老朋友又補充：「許多自然組的學生，念經濟會表現得比社會組的好，其實還是這個核心問題。」

老同學的分享令人心有戚戚，其實不管在各行各業，具備核心能力的人，才擁有不可取代性。我在念英文系時，讀得磕磕絆絆，覺得很不踏實，畢業後不僅沒有考研究所的實力，連找到的工作也是最低薪起跳。日後究其原因，原來是缺乏核心競爭力。一直等到自己將「英文聽說讀寫四核心」及「寫作核心」練好後，才能站穩職場。

這幾年擔任教師徵選的面試官時，發現許多英文研究所的畢業生，文法觀念錯亂，很可惜，缺乏教學核心，只好割愛。他們和許多大學畢業生一樣，雖然擁有學歷，卻缺乏職場需要的核心能力。樣樣通，但樣樣鬆。

所以在此提醒即將填志願的同學們，一定要從自己的核心能力出發，上大學後，以其為基礎，培養自己的核心競爭力。

四、找到「興趣核心」，可以轉換跑道

許多人上大學後，才發覺興趣不在本科系，這時不要覺得是世界末日，你可以轉系或選擇雙修，甚至在考研究所時轉換跑道。

其實大學的許多學分都是博雅教育，西方大學的專業訓練大都集中在碩士階段。我在英文系的同學，有人轉念會計研究所，現在是科技大廠的財務長；有人再去念心理所，現在是外商銀行的高階培訓經理；還有一位對電腦入了迷，研究所在國外專攻程式設計，現在是矽谷的高階工程師；有一位最扯，努力學醫，現在是開業中醫師。

更多的人，是工作後才找到自己的「興趣核心」，最後在研究所拿到一生最重要的學歷。所以即使「填錯系」了，也不要慌亂，重要的是確定了

「興趣的核心」後，努力去追，都來得及。

五、想念名校，研究所還有機會

因為一一一學年度數學超難，許多念自然組的學生唉聲嘆氣：「完蛋了，不僅上不了頂大，連國立都上不了。聽說大科技廠只挑名校的學生，這下子完蛋了。」其實沒有完蛋這回事，若想進入名校，研究所都還有機會。

一位高中成績普普的學生，考上位於中壢的私大，但他遇到好的教授，念出興趣，最後考上台大電機所，畢業後陸續到台積電及聯發科工作。

上次一起打球時，他希望我告訴學弟妹們：「考上私立大學千萬不要氣餒，每一所大學都有會教和不會教的教授。只要你用心尋找，一定可以遇到改變你一生的貴人。」

六、「終身學習」才能連結生命每個點

念名校好處多多，它可以給你一生的品牌、給你優質的學伴與老師、給你更好的研究設備、提供你更好的資源。但如果考不上名校，甚至連學籍都沒了，是不是就不用學習了？

前蘋果總裁史蒂夫．賈伯斯（Steve Jobs）在二〇〇五年對史丹福大學畢業生演說時提到，自己被生母棄養，養父母供他念半年大學就沒錢了，他只好輟學，但他仍然於課堂旁聽一些有興趣的課程，且待了一年半後才真正退學，這些課程也給了他日後創業的養分。

賈伯斯沒錢、沒文憑、沒學分，但是他「當自己的教育部長」，努力尋求學習資源，替自己建置學習環境。賈伯斯說：「你必須相信，『點』將在你的未來以某種方式連接。」

若一個人日後把自己的失敗歸咎於沒考上名校，絕對是規避之詞。一個人的成敗不可能被一次考試決定，而成王敗寇的關鍵，絕對是那個人能否像賈伯斯一樣，失去學校後，仍然「保持飢渴」終身學習，最後將這些學習的點連成一線，做為成功的輪廓。

七、只為上大學而學習，那一輩子應該學不了多少東西

學測後，許多高三生的唯一工作，是忙於準備申請入學，對高三下加深加廣的課程興趣缺缺，甚至失去學習的動力。所以從現在到大學開學這半年，學習是一片空白。這對一個人或一個國家來說，都是巨大的浪費。

記得前幾年波士頓姐妹校來訪時，成員每天晚上都還在趕報告。問他們：「你們不是都已經錄取大學了嗎？為何還要這麼認真？」「這個報告是高中所學的成果展現，是自己真正的興趣，做出來是為了證明高中沒有白學，」他們反問我：「**如果只為上大學而學習，那一輩子應該學不了多少東西吧？**」

這個提問，我想送給今年的高三學生，有空可以反思「**今日你如何定義學習，明日你就將如何被定義**」。所以不管上了哪所大學，千萬不要失去為興趣學習的習慣，最後才能找到自己的「核心」，成為世界的「核心」。

#飛輪力

達到臨界點，飛輪力就會衝出來

不要羨慕別人跑得遠，先看看自己的輪子是否已經轉動起來？

學生翰佑傳來訊息，告知錄取麥克阿瑟和艾森豪的母校——美國西點軍校的好消息。

來自屏東的翰佑，憑著天真、樂觀的傻氣，加上對軍事的滿腔熱血，從小就異想天開，將進入西點軍校當成目標。然而，翰佑那時不知道，這個夢有多麼遙不可及。

進入西點軍校極不容易，以美國本地的申請者來說，需要有社會賢達（如國會議員或軍事將領）的推薦，體能及課業也必須是最頂尖。除此之外，西點軍校也特別重視學生特質——充分的領導力。只有條件皆備的人才有機會參與甄選，申請者僅有八%的人能夠被錄取，更不用說以國際生的身分加入西點有多困難。

每一年，西點軍校只提供十幾個入學名額（占總學生數的一%）給國際生，而其中只保留一個名額給台灣。

西點軍校是座遙遠的大山，翰佑天真的以為自己跑得到，但他的腿力一開始真的不夠。

翰佑高一時曾參加學校的外交小尖兵甄選，但因為發音不好，一下子就被刷掉了。然而錄取的學生知道培訓辛苦，一個個知難而退。我們只好退而求其次，想從落選的學生中挑出遺珠。但這些落選者都有致命的缺點，例如發音好但聲音小、音量大但常遲到、能力達標但會緊張。我們面試三次後，決定選擇發音最差但態度最好的翰佑。

「你一個月練得起來嗎？」我發問，同時知道這是一場豪賭。

「我可以。」翰佑答得斬釘截鐵。

撞牆期，正是關鍵期

翰佑每天早上準時找老師練習，利用任何瑣碎的時間背稿，中午也會央求外師錄音給他模仿，晚上在家重複聽錄音檔修正發音。前二十天是撞牆期，不管怎麼苦練，許多音就是不到位，我們不禁懷疑是不是選錯人了。

比賽前一個星期，翰佑的發音越來越標準，也更有自信。結果比賽的時候，表現超乎預期，成為全隊最穩定的力量。反而是發音超優的最後一棒，在最後十秒忘詞，導致輸了比賽。

當所有人都像被打敗的公雞時，只有翰佑知道，他已戰勝了自己。後來他主動參加美國波士頓姐妹校交流、擔任模擬聯合國幹部、接待各國交流學生，甚至代表台中參加國際高中生高峰會。高三時，他的英文能力已臻完美，輕鬆考上清華大學。但翰佑還是堅持目標——美國西點軍校，於是毅然決然就讀陸軍官校。

真正踏入軍事領域之後，另一個撞牆期又來了。在最煎熬的第一年，翰佑傳給我滲著汗水與淚水的文字：「軍隊生活推翻了我十八年來對社會規範的所有認知，一切重新養成的生活規矩，使我咬著牙才適應於其中。跟著軍校每日的緊密訓練，我只能利用夜晚的就寢時間挑燈夜戰準備托福考試。」

還好，翰佑沒有放棄，他再一次突破撞牆期，花費數月的時間整理備審資料，最後成功通過學業、體能和ＡＩＴ語訓考試及面試，獲得四年千萬元的公費留學獎學金，劍指西點。

突破臨界點，飛輪重力衝出來

其實不僅是翰佑，人生不論學習或是在職場工作，都會在一開始的時候遇到撞牆期。此時，雙腳千萬不能停止踩踏，一定要抵達「臨界點」，之後一切才會容易起來。

這就好像管理學的「飛輪效應」：要使靜止的飛輪轉動起來，一開始必須使很大的力氣，但每一圈的努力都不會白費，只要不停歇，飛輪會轉動得越來越快。達到某一臨界點後，飛輪的重力和衝力，就會成為推動力的一部分。此時，無須再費更大的力氣，飛輪依舊會快速轉動，而且不停的轉動！

就像我學了一輩子的英文，但到大學英文系畢業後，英文還是一無所成。到貿易公司工作時，英文聽說完全不行，只好強迫自己睡覺前聽兩個小時英文廣播。前兩個月真的是鴨子聽雷，正打算放棄時，突然有一天跟上語速，抓到關鍵字，等到上班時，拿起越洋電話，竟然開始侃侃而談。原來我通過了語言的撞牆期，從語言高原期進入了語言爆發期。

然而英文聽講可以，並不代表搞懂文法。離開貿易公司，回中部補習班任職時，對「獨立分詞構句」、「複合關係代名詞」這些抽象的術語，真的一竅不通。最後決定「做中學」，將台灣過去四十年各種聯考英文考題全部研究一遍，竟然三個月後，將文法搞得滾瓜爛熟，成為一輩子安身立命的核心能力。

善用飛輪效應，一生暢行無阻

我從高中時期就想學寫詩，但過了不惑之年，寫出來還是分行的散文。直到遇見《創世紀》詩刊主編、詩人嚴忠政，慢慢引導，日浸月濡，但寫出的仍是斷簡殘篇。「不要放棄，你一定寫得出來，」詩人對我還有信心，然而前三年仍是處於撞牆期。

但我真的相信，這世上有臨界點這個「奇異點」。有一天，我發現自己寫詩不再需要靈感了，面對任何題目都能在短時間內揮筆即就。也因為擁有這個能力，我和指導的學生大量得獎，並將心法整理成書，竟然成為熱銷十萬冊的暢銷書。

很多人對我指導六個社團、推行國際教育，獲得不錯成果，感到訝異。其實起初在學校推校刊、品格校訓、聖食計畫、模擬聯合國，還有國際教育時，無一不受到極大的阻力，但**總在撞牆時告訴自己：「再撐一下，臨界點就快到了。」**就這樣越跑越順，甚至只要花一點點力量，就能日奔千里。

許多剛進職場的新鮮人，或是學生在製作專題時，常會遇到強力的反彈。很想鼓勵大家，就算前面有牆，也要繼續奮力踩下去。或許腿很痠，心很累，但誠如作家羅曼・羅蘭（Romain Rolland）說的：「唯有通過痛苦，才能得到快樂。」只要堅持到痛苦與快樂的臨界點，重力和衝力就會出來。這般有淚有笑的飛輪人生，才會留下「踏花歸去馬蹄香」的餘韻。

#正向力

不是失敗，你只是尚未成功

有些東西不是「學不會」，而是「還沒學會」。

最近收到大一學生小芩的作品，驚訝於她散文進步的跨幅之大。

「你的細膩度已經超越老師了。」我自嘆弗如，也據實告知。

記得小芩念高一時，第一次寫的散文是斷簡殘篇，在班上排名後段。

「我知道自己資質不好，如果我想繼續寫，老師還願意指導我嗎？」

「當然，我一定會陪你，加油！」其實那句加油，我講得很心虛，因為我知道，創作需要天分，底氣若不足，揮的都是空拳。

小芩還是鍥而不捨。有一次作品被批得體無完膚，被我狠狠回應：「你現在還不適合動筆，先把這兩本散文讀完吧！」她帶著一身傷痕離開後，我認為師生緣已了。根據經驗，沒人受了這麼重的一拳後還能站回擂台。

但小芩沒被擊垮。「謝謝老師推薦這兩本好書，讀完後找到自己的盲點。這是重寫的作品，再麻煩老師指導。」

真的進步了，後來小芩得到文學獎。雖然只是小獎，但也足以變成特殊選才的備審資料，不用參加學測，就錄取了台北教育大學。

小芩的學習歷程讓我更確信美國正向心理學家卡蘿．杜維克（Carol Dweck）的理論。杜維克的研究顯示，人們可以擁有兩種思維：「固定型思維」（fixed mindset）和「成長性思維」（growth mindset）。

擁有固定型思維的人，會將「失敗」與「不成功」畫上等號；擁有成長性思維的人，卻會將「失敗」視為「尚未成功」。遇到學習障礙時，不會直接認為自己「學不會」，而是樂觀的視為「還沒學會」。

人生低谷，需要成長性思維

五年前，女兒大學畢業後，參加五次教師甄試，全部名落孫山，甚至連私校的代理老師都考不上，信心一下子垮掉了。

「其實你現在沒考好是正常的，因為你的單字量、文法與英文小論文寫作，都還有進步空間，」我信心十足的對女兒說：「但這些，只要找對方法，很快就能補足。」

「怎麼可能？我跟其他人的差距那麼大。」

我打開手機：「這是學習金字塔，你看看，什麼學習方法最有效？」

「教人可以學會九〇％到一〇〇％。可是我連教人的機會都沒有。」

「別擔心，總有辦法。」

幾日後，女兒的母校來電，因為臨時缺代理老師，問女兒能不能過去。抓住這個機會，女兒開始「有效學習」了。

備課時，女兒又遇到了天敵——英文文法。雖然教學前一晚，她會請我再講一遍，但每次學完，她還是會唉聲嘆氣：「英文好難喔！」

「別洩氣，你三年後會超強。」我很有信心，因為我也走過相同的路。

這讓我回想起自己大二時，參加台大外文系的插班考試。拿到成績單，上頭寫著「三百四十一人報考，排名三百一十二」，我才知道自己英文有多爛。大四時，參加預官考試，英文只考八分，我斷定自己一輩子學不好英文。

想不到之後在貿易公司工作，有了練習英文的生活情境，聽說能力一下子拉了上來。加上之後去補習班擔任輔導老師，用「教他人」的方式學文法，半年後，文法全搞通了，也因此通過錄取率只有二・五%的公立學校教師甄試。

人生是一場「未成功的物品展覽會」

其實我原有的「固定型思維」，也曾讓自己放棄了寫作。

二十多歲時，在廣告公司寫不出好文案，自忖江郎才盡，斷然停筆近二十年。幸好在不惑之年時遇到好老師，再創立社團，用「教他人」的方式重新學寫作，文字逐漸有魂有魄，開始得獎、出書，在四十七歲時啟動了

「作家」的第二人生。

如同我的預言，因為不放棄，加上找到對的學習法，女兒慢慢學會了，也順利考取國立高中教師的資格。

二〇二一年的會考作文題目是「未成功的物品展覽會」，就是希望新生代拋開「未成功等於失敗」的固定性思維，而要有「尚未成功不等於失敗」的成長性思維。學不會的原因，往往跟「學習方法」與「能否堅持」有關。

其實不只學習，在追求各種夢想之際，只要找到方法、不輕易離開擂台，都有機會慢慢把擂台變成自己的舞台！

#堅持力

成功率三〇%的堅持

不再揮棒，打擊率永遠是零。

小玟是學校足球隊的守門員，三年前的一場球賽中，她被對手踢進十四球，前十字韌帶斷了兩次，防守時還被踢到腦震盪兩次。家人親友勸她放棄足球無數次。但在高三畢業前，她拿到了全國女足冠軍。

競技選手書念不好，似乎是天經地義，但在小玟的字典裡，沒有「放棄」這兩個字。

上學期她主動走進我的教室求助：「老師，模考學測國寫我只能拿十幾分，請問還有救嗎？」

「有救！有心，就有救！」我肯定回答。

小玟很有心，上課比一般生認真，聽完課一定會交作業批改，結果學測國寫分數跳了一倍，還錄取國立台灣師範大學。

確定上大學後，小玟竟然又來旁聽我高一的寫作課，沒有學分，也不打分數，就是為了學習。「以前常要練球，沒辦法上課，現在可以上自己有興趣的課，覺得很幸福。」

上課時，我問小玟：「守十二碼球，成功率是多少？」

「有三成就很好了！」

原來守門是一個成功率這麼低的工作。

美國職棒大聯盟歷史上，生涯最高打擊率只有三成六七，一般球員的打擊率都在二成五左右。原來，每次出擊的成功率這麼低。其實，人生不也正是如此嗎？

不是個咖，更要無止盡的揮棒

記得當年父親想在台中東山再起，我從台北回來幫他。共事沒多久，父親再次倒閉收攤。那時總相信天無絕人之路，便每天買報紙看求職欄，寄出五封求職信，最後只有一家補習班錄取我，當不能上台的「輔導老師」。

這次求職信的成功率只有兩成，但夠了。

在補習班努力練功一年半後，覺得有能力到私校服務了，便寄出二十幾封履歷投石問路。但因為我是私立大學畢業，只有兩所學校願給面試機會。

這次求職信的成功率只有不到一成，但也夠了，我拿到教師證。又過了十年之後，考入現在服務的公立學校，那次錄取率只有二・四%。

又過了十年，我想重拾寫作大夢，寫了幾篇，投了十幾家媒體，錄取率是零。儘管很想放棄，但我告訴自己，不再揮棒，打擊率永遠是零。所以我像小玟一樣，去找老師學，再一次次的揮棒。終於，許多媒體找我當專欄作家，雖然那時我已經五十歲了。

堅持，才能獲得高成效

新冠疫情中，使用mRNA（messenger RNA，信使核糖核酸）技術的BNT與莫德納疫苗，拯救了世上無數的生命。然而，幕後功臣竟然是一位多次被大學解僱、卻堅持四十年的匈牙利裔生物化學家卡塔琳・卡里科（Katalin Kariko）。

卡里科原先在匈牙利做研究，三十歲時，因為研究沒有進展被解聘。為了繼續研究，她賣掉車子，來到願意給科學家空間的美國。三十五歲時，卡里科成為賓州大學助理教授，但由於申請mRNA療法的經費一再被拒，在四十歲時被賓大降職。那年是一九九五年，距離二〇一九年新冠疫情在中國武漢市爆發，還有二十四年。

這二十四年，卡里科經歷了罹癌、動物實驗不斷失敗、計畫被迫中止的一連串打擊。「每天我想的就是經費、經費、經費，但得到的永遠是『不！不！不！』」卡里科如是敘述自己的挫折，但還好，她堅持揮棒四十年，最後的全壘打救了全世界。

卡里科有一段對媒體的回答，聽來令人心酸：「我從未懷疑過它是可行的，從動物研究數據就能看出來。我只希望我能活得夠長，去證明這件事。」

「只希望我能活得夠長」，正是對夢想堅持的誓言。

其實，人越堅持，越有成效。

曾經服務過多位美國總統、奧運選手的布蘭登・布夏德（Brendon Burchard），是全球酬勞最高的績效教練之一，在他的《高成效習慣》（*High Performance Habits*）一書裡，他對「高成效」的定義是：始終如一、長時間取得超過一般標準的成功。

真的要「始終如一」，才能「長時間取得超過一般標準的成功」。

二〇二二年，我所指導的國際網界博覽會團隊，剛拿到最高榮譽白金獎。許多朋友問我，怎麼辦到的？我只回答兩個字：堅持。事實上，今年是我指導這個社團的第十年，直到近幾年，我才摸熟最重要的細節。

除了這個社團，我還指導了校刊二十三年、外交小尖兵二十年、模擬聯合國十九年、寫作課十八年。這些社團拿到許多全國第一的獎項，但幾乎都是在堅持十年之後，才開花結果。連自己待了十八年的圖書館，都是不斷摸索，才在二〇二一年闖關成功，得到全國閱讀磐石獎。

生也有期，如何在有限的時間裡，追求最有成效的人生，是一生最重要的課題。或許我們都和四十年前的卡里科一樣，現在還不是個「咖」，但只要無止盡的學習，堅持揮棒，有一天，你也會在自己的大聯盟賽場上，揮出一支支安打。即使，打擊率永遠不到三成。

＃絕境力

絕境後，才能漸入佳境

我們都是被逼下懸崖後，才學會飛的。善用絕境，逼出未來成長的養分，就有可能每年蛻變一次，像浴火再生的鳳凰。

原來，我們多數人都是跳下懸崖後，才學會飛的。

我想，我這輩子面對的最大懸崖應是電腦吧。學生時代就痛恨電腦，大學計算機概論這門課三修才過。進入職場，一樣抗拒所有數位產品，相信日擊壤而歌，「帝力於我何有哉」。二〇〇二年，我參加了目前服務學校的教師甄試，這所學校強調一切e化，還把e這個字母畫成校徽。學校的電腦考試號稱中部最難，我意外的進入複試後，收到一張通知，提醒一個星期後需參加計算機概論和電腦實作的考試。當時，我的電腦能力還停留在「長按Power關機」，實作中的Power Point、Excel、Flash、Front Page等，我一樣也沒摸過。

當下第一個念頭當然是放棄，但想一想，已經從一百多位考生中殺到最後八個，不試一試，怎知自己無法成為雀屏中選的三強之一？於是，我先上網把全台教師甄試的計算機概論考古題列印出來，還好，才二十頁，背得起來。再來是找一位電腦程度好的學生，出錢請她當家教，一天學一種軟體。突然我發覺，人在面對絕境時，如果選擇閃避，壓力只會與日俱增，但若選擇正面迎敵，不僅會急中生智、創意不斷，而且會迅速進化，學習力驚人。

擠破蛹殼，體液才能流進翅膀

一個星期後，我被錄取了。我開始省思這一生的學習：幾乎，我的惰性毀了自己的一生，因為我到大學畢業後，還未習得任何關鍵能力。如果不是連續三個月在貿易公司被當小弟使喚，我不可能忍無可忍的卯起來學貿易實務；如果不是廣告公司老闆給我的文件壓力，我不可能在三個月內啃完企業管理和大眾傳播的基礎書籍；如果不是因為買不起台北的房子，必須在中部謀生，我不可能在二十五歲咬緊牙，重新苦學我早就放棄的英文。

沒錯，我是凡胎肉身，我意志力薄弱，我劣根深重。還好，一次次的絕境就像層層包圍的蛹，逼我必須靠自己的力量擠破蛹殼，好讓身上的體液順利流進翅膀，成為能夠負擔自身重量、凌空飛翔的雙翼。如果我只是央求外界把蛹剪開，就永遠無法擁有御風而行的力量。

現在年紀大了，漸漸懂得為何大陸富豪會花錢讓一胎化的孩子經歷軍事化的磨練，也了解為什麼台灣人在徬徨疑惑時會想騎腳踏車環島。因為真正走過人生的幽谷後，才會了解人生的絕境有時是內心的恐懼和妄想。如果懂得善用絕境，讓它逼出未來成長的養分，我們就有可能每年蛻變一次，像浴火再生的鳳凰，也像翼若垂天之雲、怒飛千里的大鵬。

要不枉此生，必須主動創造絕境

為了在有限的航期中飛躍更多夢中的海洋，我開始創造「絕境」。

為了圓閱讀之夢，我逼自己連續兩年、每個星期五開文學課，所以星期四晚上就是我的絕境。我必須閱讀大量書籍，才能提煉出一點教學精華。

為了圓年輕時的出書之夢，我逼自己在九年前暑假一天書寫一篇文章，終於出版了生命中的一本書。也因為這一本書，我有機會飛到更遠更瑰麗的大海。因此，每年暑假，我再為自己製造新的「絕境」。在別人輕鬆享受假期時，我必須絞盡腦汁爬格子。但也因此，累積到今年的第十本書。

如果我們無法飛翔，可能是因為翅膀還未充滿足夠的血液，不要放棄衝破自己的繭啊。窗外是湛藍的天，藍天下有碧綠的大地，大地的盡頭或許有懸崖，但懸崖外有造物者創造的五湖四海。

是的，總有一天，我們會走到懸崖的絕境，但不要放棄飛翔的欲望。或許，我們都是被逼下懸崖後，才學會飛的。

#明日力

她靠六個習慣，活到今天，盼望明天

想一想，許多美好都還沒到達！相信壞的事情有天會變好，只是可能需要點時間。

二〇二一年六月，我失去了一個陪伴很久的女學生。女孩好優秀，也即將進入頂大，但因為走不出憂鬱的陰影，她說走，就走了。

世界衛生組織（WHO）研究指出，二〇二〇年造成人類失能前十名的疾病當中，第一名就是憂鬱症。根據統計，約一五%憂鬱症的憂友死於自殺，推測台灣每十五個人，就有一人罹患憂鬱症。面對教室裡越來越多的憂鬱學生，我也常感到害怕，害怕自己的陪伴與協助終究會徒勞無功。

二〇二二年一月，有位高三女學生傳來訊息：「謝謝您出的《青春正效應》這本書，上星期我的學校老師給我看這本書，我收穫很多！不太知道如何表達我的想法，但真的很謝謝您！」深談之下，才知道她不久前差點做了傻事，覺得自己能活到十八歲是個奇蹟。

二月二十八這天，正是她的生日，她希望我將她的文字分享在我的臉書，當成她的生日禮物：

「我曾絕望到想自殺，也覺得我永遠都好不起來了，但事實上並沒有，我慢慢變好了！我想感謝淇華老師，願意給我這個機會！藉著這個機會，我想透過老師的影響力，傳遞一些我活下來的經驗。」

女孩想藉由鼓舞憂鬱的他人，找到自己存在的價值。很神奇的是，這則貼文也剛好得到二百二十八則的分享。以下是女孩的自敘：

二〇一八年三月二十一日到現在，四年的時間真的都不好過。那天我倒下了，憂鬱症與焦慮症也找上門來了，世界瞬間沒了色彩。

當時我國二下，現在高三下了。一開始不管是我、家人，還是學校老師，都被嚇到了，也很不知所措。可能是因為較少耳聞這種事，周圍人也沒經歷過，所以起初無助的我，得不到任何的幫助。不過我是幸運的，到後來慢慢知道了關於憂鬱症這方面的事，我得到了一些幫助，雖然效果不彰，但多少奠定了「基礎」。

升上高中以後，我更了解自己的狀況。病發到高一結束，身體狀況很糟很糟，發作不少次，也常常不舒服或請假。國中畢業後，想要休學的念頭三不五時占據我的腦海。高一就快把一張假卡用完了，真的很絕望。但到了高二，我認識了兩位老師，我對自己的認識又更進一步了。想休學的念頭退散了，有些事也漸漸變好了，同時也是身體狀況最好的一年。

去年九月開學，不知不覺成了高三生。九月一整個月真的非常不順，身心狀況也糟到不行，休學的想法再次跑出來，但我想到還有好多好多老師都在等著我順順利利畢業，我又努力撐過三上。

到了今天，迎來高中最後一個學期——高三下。我想發自內心的說，即使現在我對於自己的情況非常了解了，但我依舊不知道我還有沒有明天。

我無法預知下一秒會發生什麼事，憂鬱症或焦慮症什麼時候又會找上門來，所以我現在都覺得，在身心狀況好的時候不妨多做點事，把想做的或該做的做一做，別一直後悔或感到遺憾。

每天活在未知的恐懼裡真的很苦，我真的也沒想過我能活到十八歲生日，前陣子我都覺得這是個夢想。還好我開始練習以下的習慣：

一、相信自己。我們時常會受到他人的眼光、評價，而影響到自己的想法，甚至會否認、懷疑自己，或是低估自己的能力，覺得自己不行、不夠好等等，明明自己已經很好了，卻還是不願肯定自己。

二、多閱讀。去年十二月至今，三個月的時間我閱讀了不少書籍，從中得到了不少學校不會教你的東西，也是我進步最大的來源！雖然後悔自己太晚才接觸到閱讀的美好，但我也相信只要開始就沒有為時已晚。現在沉浸在書香世界滿快樂的，也真的從中得到許多啟發。前提是，真的要選對書！

三、放下手機。感覺自己好像在手機身上花了不少時間！那些時間我想可以做很多事，也可以做一直喊沒時間做的事。放下手機用心生活，會有不一樣的收穫。

四、尋找小確幸。當感覺這是個糟糕的一天時，試著用心感受生活，會發現其實裡面也帶點甜。可能是來自一個笑容、一句暖心的問候、被記得的感覺、小驚喜等等。每個人的生活都不容易，希望自己別忘了這世上還是有美好的存在。

五、低潮時，對自己說「真的沒關係」。學生休息會被唸說，你還有段考耶，未來還有升學考試，你怎麼能心安理得坐在這裡休息，還不快讀書？不能否認自己會有負面情緒，休息一下真的沒關係，對自己好一點，給自己一個擁抱，低潮是暫時的而非永恆。這段日子好好休息一下，之後打起精神再重新出發吧！

六、想一想，許多美好都還沒到達。相信壞的事情有天會變好。它可能需要點時間，或是付出點努力、耐心等候。我值得更好的！我要為自己而活，知道自己永遠都是自己最大的敵人與朋友。如果不願付出努力，我想我也不會變好，畢竟憂鬱症與焦慮症這種東西，不是時間久了就會好的東西呢。謝謝一路上所有幫助過我的人！

女孩現在還時不時會在網上敲我，分享自己生活的高低起伏，這讓人比較寬心，因為懂得求助的人，會更眷戀明天的太陽。

紐西蘭奧塔哥大學的知名心理學家傑西・貝林（Jesse Bering）在著作《自殺：為什麼人會殺死自己？》（*Suicidal: Why We Kill Ourselves*）一書中寫道，**在自殺者的遺書當中，出現最多的字是「我」，而精神狀況好轉中的人，筆下較常出現的是「我們」**。

謝謝女孩成為世界的正能量，鼓勵他人，讓「我們」更有力氣迎向明天的朝陽！

#快樂力

選擇看世界的視角，讓happen都變成happy

外面的世界永遠都在，我們唯一能掌握的，是選擇如何去看。

——《夕霧花園》

日前北上授課，早上十點坐計程車抵達教室，中午休息時，驚覺皮夾不見了。焦急的反覆搜尋背包，行走路線也來回三趟，確定遺失後，腦中出現的第一個念頭，竟然是美國著名管理學大師史蒂芬・柯維（Stephen Richards Covey）提出的「90／10法則」。

這個法則告訴我們，**生命是否幸福，一〇%是由你的際遇組成，而重要的九〇%則由你的反應而定**。這意味著，我們很難掌握一生的際遇，就像我已無法改變遺失皮夾的事實，但我可以決定自己接下來的反應。

所以我深呼吸，冷靜下來，回想去年為了預防萬一，曾拍下皮夾中的證件，將照片存在Line的相簿中。找到相片後，發現共遺失三張信用卡、身分證、健保卡、駕照和教職員證。先打電話給三家銀行掛失，心想隔日可以補辦證件，焦慮感頓時減輕許多。下午上課時，竟然可以從容不迫，甚至拿遺失皮夾一事自嘲，當成教材。

下午三點休息後，欣喜月前得到的知識發揮了力量，竟然危急時，拉了自己一把。就像二〇一八年六月末到七月初，發生在泰國北部的「睡美人洞」行動。六月二十三日，十二名少年足球員，以及二十五歲的教練艾卡波（Ekapol Chantapong），在完成訓練後，一起前往「睡美人洞」探險，卻不幸遇上暴雨來襲，大量雨水灌入深邃的洞穴內，十三人被困在漆黑洞穴中。由於正逢雨季，洞穴內狀況險惡，即使數千名國際救難人員抵達，大家仍預估，在洞穴內含氧量剩下一五%的情況下，十三人恐怕凶多吉少。幸運的是，曾在寺院出家的教練艾卡波，在黑暗中保持冷靜，帶著孩子們一起打坐、冥想，以減少耗氧量，終於在即將陷入昏迷前、受困十八天後，全員獲救。

選擇看世界的視角，才有快樂的能力

二十年前剛購新屋時，同住的母親忘了關瓦斯就逕行出門，結果嶄新的廚房付之一炬。老婆喜歡廚藝，心想她一手打造的廚房浴火成燼之後，一定十分心痛。想不到老婆的第一反應是提醒我：「叫媽媽不要太自責。」

「你不心疼嗎？」我問老婆。

「心疼也沒用，就往好處想，才會快樂一點吧。」

老婆替我上了一課。

前幾年老婆大小手術不斷，手術後，老婆就把保險金捐出來。

「有人手術後就回不了家。我們很幸運，應該把幸運分享給更多人。」

老婆又替我上了一課。

兩年前曾赴高雄岡山簽書，前往捷運途中，老婆跌了一跤，雙膝血跡斑斑。我很懊惱自己走太快，沒提醒她前方有鐵鍊。「沒關係，你記得以後牽緊我的手就好。」從不責怪別人，老婆又幫我補了一課。

然而這重要的一課，我很晚才學會。

記得念大學時，約當時的女友看電影，結果她在途中遇到車禍，受了小傷。那時沒有手機，無法及時通知，電影開場半個小時後，女友仍芳蹤杳然，我手中緊握著兩張即將過期的電影票，怒火中燒。

女友衝到電影院後，未待我開口，便如連珠炮對我開火：「都是因為你找我看電影，我才會發生車禍，你明明知道我很晚下課……。」

吵架時，兩人是理性破碎的風帆，一起捲入怨念的漩渦。那幾年，就這樣三天一小吵、五天一大吵，兩艘傷痕累累的船骸，即使仍有愛，也必須選擇駛離對方的航道。

直到遇見妻，我才理解，原來人生不如意事十之八九，但若缺乏轉念的智慧，就是拒絕幸福。如同電影《夕霧花園》中，阿部寬的台詞：「外面的世界永遠都在，我們唯一能掌握的，是選擇如何去看。」

機會與幸福同字源

那日五點下課後，發現手機裡兩通未接來電。回撥後，發覺是警廣來電，沉穩的女聲告知皮夾已被送到電台，原來是早上遺忘在計程車裡。借車資搭到電台，發現皮夾被貼上「1093466」的標籤，這應該是今年度第三千四百六十六件失物，代表了三千四百六十六件善舉、三千四百六十六份善心。

非常感謝這位計程車司機！我會一直留著這張標籤，除了告訴自己，台灣最美麗的風景是「人」之外，也提醒自己，要牢記柯維的「90／10法則」，日後不管遭逢任何險巇危難，都不要將情緒停留在事件本身，而是試著快思慢想：先平心靜氣，再思考最棒的處理方式。這樣才不會莫名死掉一堆細胞，又無濟於事。

英文字happy（快樂）和happen（發生）都來自字源hap。hap意謂著「機會」與「幸福」。原來，世間所有的「發生」，都有「機會」成為「幸福」。只要放棄我執，轉怨為善，幸福就有了源頭。謝謝老婆一直用善念當視角，帶我看最美的風景。她讓我明瞭，原來人間福禍無常，但善意的視角，卻能將我們與幸福安放在同一扇窗景之中。

#孤獨力

孤獨久了，就不寂寞

孤獨，是一個人擁有兩個自己。

——二十世紀政治哲學家　漢娜・鄂蘭

大四才開學，J帶著一群人來敲我的房門：「淇華，來當我們文藝營的進修長吧。」我的心臟跳到喉頭，因為J是我長久的偶像。

大一時害怕寂寞，所以我投入一堆社團，其中，校刊社是我的首選，聽說那裡是全校精英的匯集處。

第一天進社辦我就傻眼了，像嗣法四十三人圍著六祖惠能聽法。我們圍著J，聽他暢談社裡的歷代傳奇，偶爾夾雜幾個西方的名詞，像是「新馬克斯主義」或「法蘭克福學派」。我當下五內躁急，若不趕快把剛剛聽到的名詞搞懂，我馬上會溺斃在這片知識的汪洋。

我買了學長推薦的兩本書，擺在案頭，正襟危坐拜讀。一星期後，我順利「翻完」，才知資質荏弱，腦袋完全進不去。

還好，大一有跳不完的舞會，可以填補心靈的空虛，但奇怪，別人跳搖滾舞像在空中飛，我卻一扭就抽筋。好吧，青春豈可留白，也效法校園裡的蝶影雙雙，去修修戀愛學分吧，但糗了，一告白就收到好人卡。唉，我成了縹緲孤鴻影，揀盡寒枝無處棲，孤單又寂寞！

傾聽心裡的鼓聲

好吧，看著潮流大軍漸行漸遠，我無力追逐，也只好放棄追逐。我開始「傾聽心裡的鼓聲」，先挑「看得懂」和「喜歡看」的書來雜食。但書中有密碼，一本書會帶出更多的書，我進入了無止盡的私我閱讀世界。看了志文出版、劉森堯的《電影與批評》後，會野心勃勃的想把志文文庫啃光，所以會去問西格蒙德・佛洛伊德（Sigmund Freud）「我的潛意識哪裡有問題？」再去敲他大弟子阿爾佛雷德・阿德勒（Alfred Adler）的門，問他為何要反對老師潛意識的觀點，還要問他該如何「自卑與超越」？

也像陶淵明「不求甚解，每有會意，便欣然忘食」。偶爾抽離西方的世界，這星期邀請蘇軾在每夜踱到我的房裡，訴說他在黃州林間如何吟嘯徐行；下星期就讓房裡飄下元曲的六月雪，關、馬、鄭、白在淡水的月夜一一出場。我，不孤單了。

文字的目的是要解決生命問題，輸入，一定會滋養輸出。所以進入眼簾的，會自動找過去的經驗對話。往往打開書時，以為走入天地玄黃、宇宙洪荒，但闔上書時，才發現這個世界已是日月盈昃，辰宿列張。

原來，在學習的大地只要不逐水草而居，就可以構築一個智慧的城邦。我開始有能力書寫了，寫自己，寫影評，寫校園評論。一隻禿筆竟停不下來，甚至被刊登，拿了獎，開始有了自信，開始喜歡自己，也因此有了喜歡別人的能力，能夠邀到麗人併肩此岸，共賞日升月落。

原來，當一名男子努力想要成為恆星，就可以在心儀的女子面前許諾一個星系。

我終於學會不卑不亢看自己，看不懂一本書，不再裝懂；進不去一齣戲，也不必跟著叫好；甚至，當眾生一起撻伐某個人時，有自信不跟著咒罵。我學會不再追逐潮流，學會珍視自己的狂思異想。

是的，三千法門，各通菩提，沒有必要去成為別人，也沒有必要在缺乏掌聲時，就輕易放棄自己的理想。在這眾生喧譁的世界，不忍住噓聲把自己的歌曲唱完一遍，一生將無法成為世界的主旋律。

堅持很孤獨，但不寂寞

社群網站成為現代人生活重心，其實顯現的是我們多麼害怕寂寞，是我們多麼渴望得到別人的「讚」。但別忘了，**有時要停止一直向外張望——外面求不到的，有時要往裡面找。**

德國哲學家漢娜・鄂蘭（Hannah Arendt）將人獨處時的狀態分為孤獨（solitude）、寂寞（loneliness）和孤立（isolation）三種。**寂寞，是旁邊沒有人的孤單；孤立是與他人或自己都無法溝通；而孤獨，是「一個人有兩個自己」，是自己與自己在一起。**

日本精神科醫生泉谷閑示的解釋更具體了：「寂寞和孤立是與自己沒有建立聯繫，而孤獨是體驗到與『地下水層』相接連，且汲取上來的，是無比喜悅之情。」

是的，真正的強者無一不是在孤獨中修煉而成的。只有擺脫世間干擾，開始與自己對話的魔幻時刻，才能與心智最精華的「地下水層」相接連，日日汲取無比喜悅之情。

記得好幾年前，在師鐸獎的決審會中，十幾位評審會考我一人。其中一位長輩看著我的書面資料，想了解我十幾年來，默默堅持的心路歷程，不禁發問：「你寂寞嗎？」我思量許久，當下如是回答她：「堅持很孤獨，但不寂寞。」

離開人群與堅持理想都會帶來孤獨，但孤獨不是為了離群索居，孤獨是為了重新回去。所以那日我答應了J，再回到嘈雜的光影裡，以光入光，以空取空。從此，我一個人，不再畏懼寂寞；也從此，在人群中，懂得孤獨。

＃夢想力

利用四象限法則做夢想管理

偉大的夢想都重要，但不緊急，所以第二象限就是「夢想象限」。

寒假過半，與校刊社同學開會，發覺這十天進度全部掛零，我既難過又憤怒，因為寒假若無法確定刊物內容，就沒有材料做行銷。下學期的訂閱量較上學期少了三百本，如果開學後不做第二波行銷宣傳，會造成停刊危機。

其實要達成進度，花不到五分鐘，學生只要寄出邀訪信即可，其中有一半的受訪人是我利用人脈拜託來的。然而十天過去了，九〇%的社員都沒做這五分鐘的動作。如果在業界，這些員工已因「以私害公」遭到處分，然後失去一生最重要的資產——他人的「信任」或是「個人品牌」。

工作的先後順序，決定一生的成敗

信任與品牌受損是大事，如何不要因小失大，建議可以使用美國前總統、五星上將德懷特．艾森豪（Dwight David Eisenhower）提出的「四象限法則」（又稱艾森豪法則）。

艾森豪依據「緊急」與「重要」兩個維度，將工作分為四個象限。而處理四象限工作的先後順序，將會決定一個人一生的成敗。

大部分專家學者建議處理的順序是：第一象限「重要且緊急」、第二象限「重要但不緊急」、第三象限「不重要但緊急」、第四象限「不重要且不緊急」。

以一個中學生為例，準備小考及月考是「重要且緊急」，社團與學習歷程是「重要但不緊急」，回覆網上訊息是「不重要但緊急」，而打線上遊戲則是「不重要且不緊急」。

天性使然，大部分的人會將時間先花在第一、三、四象限。第二象限的事大多「費時又費力」，又因不緊急，所以習慣拖到最後做。然而留到最後，不是做不完，就是品質不佳。

偉大的「夢想」都重要但不緊急，所以第二象限就是「夢想象限」。然而一般人出社會後，會忙碌於上班日常的第一象限，再把剩餘的時間花在閒聊、追劇、打怪等輕鬆的第三、四象限事務，最後庸庸碌碌一輩子。感覺超忙，就是無法圓夢。

要實踐「重要不緊急」的「夢想象限」，可以加上「持續做」、「累積做」、「順便做」的「原子習慣」。《原子習慣》（*Atomic Habits*）這本書可以長踞書市排行榜之首，就是點明了一個重點：習慣不變，結果就不會變，而一旦人們有了更好的習慣，所有夢想皆可實現。

這本書告訴我們，**造就成功的是日常習慣，不是千載難逢的轉變。改變習慣的最好方法，就是先做容易的事，持續的做**，在完成習慣時給自己一個立即的獎賞。如果可能，去找一個問責夥伴，請對方協助監督自己是否已形成好習慣。

另一本暢銷書《刻意練習》，亦強調成功不是天注定；天才，是練出來！這種練習，只有刻意的在忙碌生活中找出時間，持續積累。

學生時代做好學習歷程，其實就是要學生學會時間管理的好習慣，一定要刻意做、持續做、累積做、順便做每一件重要但不緊急的事！慢慢的，讓細微改變帶來巨大成就，然後我們才可能和艾森豪一樣，當時間的主人，運籌帷幄間，大軍登陸諾曼第，最後攻占德國，改變了全世界。

#品牌力一

品牌力是相信自己、專注細節

只要願意守護自己的品牌，你將無限巨大。

「老師，我可以再延一次，下週一再交稿嗎？」

「可以，但你的個人品牌形象又要被扣分了。」

「個人品牌形象？」學生有點丈二金剛，摸不著頭腦。

記得以前在廣告公司當文案時，我問業務經理是否可以帶兩個案子去簡報：「抱歉，我已經盡力了，真的只能想出兩個slogan（行銷標語）。」

「當然可以啊，只是其他公司都是三個提案，你敢只帶兩個案子去，表示你敢讓我們公司披上『差不多先生』的品牌形象？」

聽完後，我「剉」死了，趕快央求交情好的設計師陪我熬夜，在天亮前，替這家國際高科技廠完成第三個廣告提案。

一個星期後，業務經理通知，客戶決定採用我想的第一個創意，當下有一點嘔，感覺那晚的熬夜是多此一舉，嘴巴嘟囔了一下，被業務經理聽到了。她有點火，但為了保留我顏面，叫我下班後到她辦公室去。

「小蔡，你大牌了是不是？」一進辦公室，經理踩著高跟鞋，一股腦兒將憋了一天的氣宣洩出來。

「沒有，沒有，經理別生氣。我不大牌，在公司我最菜。」

「好，既然你最菜，你怎麼敢在截止日告訴我，你無法達成原先三個提案的要求？」

「報告經理，其實我腦中還有很多其他創意，但總覺得都不如前兩個好，如果不能突破前兩個，就沒必要交給設計師做稿，浪費他們的時間。」

「小蔡，我看你真的搞不清楚你的工作。我問你，我們廣告公司服務誰？」

「我們服務客戶及品牌。」

「好，那什麼是品牌？」

「品牌是一種識別標誌、一種精神象徵、一種價值，是品質優異的核心體現。」我將書中的定義背給經理聽。

「不用講得那麼囉嗦，」經理嘆了口氣：「**其實品牌就是『相信』**。」

「相信？」

「沒錯，就像我們相信德國的工藝，所以願意花三倍國產車的價格買一輛德國車。像奧美這樣的大型廣告公司，有些創意人，因為有了品牌的加持，他不用比稿，只要提兩個案子就可以。但小蔡啊，」經理語重心長的說：「我們不是大公司，你也還沒成名，沒資格只提兩個。」

「經理，」我頭越來越低：「對不起，我懂了。」

「永遠要記得，**這個世界上，你必須守護的第一個品牌，就是你自己**。」

一個月後，因為家事，我離開了台北，也離開了廣告業，但經理那句

「永遠守護自己這個品牌」卻一直在我耳畔縈繞不去。

進入學校前的空檔，我到補習班學習英文教學，才發覺「品牌」的威力有多大。一個大牌老師一天的鐘點費，可以等於一個上班族一個月的薪水，但補習班願意給，是因為學生相信這個品牌。我開始思考，我何時可以建立自己的品牌？

為了一圓「品牌夢」，我想辦法一天當三天用，自修、旁聽、教學，同時進行。補習班一開始會排一些不計鐘點的課讓我們試試，像是檢討考卷，或是帶唸單字。漸漸的，可以上正式課，一個學期後，正式課源大量增加，領的薪資已是過去的四到五倍，頗為沾沾自喜，以為自己已擠入名師之林。但有一天，補習班主管邀我過去，看看學生的「客訴」：「有時會講錯……笑話講太多……。」我當下羞愧得滿臉脹紅，因為知道，那是事實。

品牌建立不易，要崩毀，很快

在課越接越多的情況下，我變得驕傲、不虛心，不像過去，可以為了一個答案研究一個晚上，混到甚至一堂課有三分之一的時間都在講笑話。

直到有一天，我終於了解，品牌建立不易，但要崩毀，可以很快。

我任教學校所在的公益路上，曾有一家「X達人」麵包店，挾著名人品牌效應，加上口碑，一下子成了名店。大家以吃他們的麵包為時尚，下班後還要趕去「搶麵包」，否則會買不到。但因為「香精事件」，它一夕崩解，即使現在換了店名，一樣門可羅雀。

所以在建立品牌和維護品牌的途中，可以大開方便之門，容許自己輕微犯錯嗎？我現在給自己的答案是：「一次都不行」，真的，一次都不行。

上個月北上訪友，得知友人的先生擔任某知名電腦公司華南地區的副總，主管大陸七個省的業務。那家公司曾是世界最大、以「藍色巨人」的品牌聞名，全台灣的電腦人幾乎都有它的基因，除非最優秀者，否則很難「上位」。友人的先生和我是同一所私立大學畢業，沒有煊赫的學歷，如何位極人臣？我很好奇。

「本來輪不到他的，」友人愀然一笑：「有一天總公司下來清查全公司的帳，任何接受廠商招待或有收回扣嫌疑的，全被停職，同期的精英幾乎全部中槍，我老公平常比較愛惜羽毛，就這樣，很年輕就接了主管職。」

其實，每一個成功的主管都有其專屬的品牌。以裙帶關係上位者不談，甫入職場者，一般人習慣挑主管的缺點，但如果可能，不妨多研究一下主管成為品牌的原因。

《天下雜誌》報導，二十一世紀是缺乏管理人才的世紀，每一個企業都求才若渴，迫不及待**要從新鮮人中挑出真正的戰將，幫忙擦亮企業的品牌，而挑選的重點，其實都在「細節」裡。**

有一次同仁帶隊參加電視台錄影，製作人見到學生後，興奮大叫：「好棒，你們出現了！」

「不是聯絡今天錄影嗎？」同仁對製作人誇張的反應很訝異。

「你知道嗎？超過三分之一的大學生會放我們鴿子，時間到了，不是不接電話，不然就說聲『我忘了』，連一句『對不起』也沒有，」製作人哀怨的說：「現在的年輕人怎麼那麼不值得相信！」

我對同仁的轉述並不訝異，因為以前交辦學生工作時，至少有八成的達成率，但現在，我對學生有很深的疑慮，翻成白話是：大部分的年輕人，都不值得被相信！

還記得辦理完波士頓遊學團後，我集合團員開檢討會。

「一星期後可以給我心得報告嗎？至少寫滿一頁A4。」

「沒問題的，老師。」團員們異口同聲。

只是他們的「沒問題」，都是「有問題」。一星期後，沒人交。「我很忙」、「我忘了」是最常見的理由，而且說的時候，沒有愧疚感，所以，我又延了一個星期。

後來，只有一個人交，真的，只有一個人，這是台灣今日的教育現場。每次與業界主管聊到這個現象時，大家都心有戚戚焉。

「其實在這個年代，年輕人要成功沒那麼難，我不要你偉大的學歷，也不要你長得多好看，只要你做到『說話算話』四個字，我真的願意用命去栽培你。」一位管理兩岸三地兩百多位員工的貿易公司老闆，曾如此對我表示。

建立品牌，拒絕「差不多就可以」

在捷安特創辦人劉金標的眼中，沒有「差不多就可以」和「應該沒關係」這種廢話。Ubike要做到世界最好，就是要前後輪、手煞車、座墊，鈴鐺、警示鈴，從車頭到車尾，每個部件仔細組裝，最後還要有把關人騎上去找問題。正因為如此，才會做到全世界認同捷安特的品牌，還願意飛來台灣取經。

品牌是劉金標的命，但建立品牌也幾乎要了劉金標的命。

建立Ubike初期，劉金標虧了五千萬，大家都叫他注意停損點。一九八六年放棄代工，開始推出自己品牌時，公司更數度瀕臨倒閉。

二〇一〇年，捷安特決定在英國成立「捷安特品牌店」。因為是品牌店，規模和品質都要做到極致，英國的市占率成長三倍。也因為品牌的成功，讓捷安特從一開始只有三十八人、年產量三千八百輛自行車的台中小工廠，今日躍升為全球前三大自行車品牌，在全球八十三國有一萬多名員工，年營收破新台幣六百五十億元。二〇二〇年新冠疫情撲來，依然靠品牌撐住業績。

劉金標替台灣建立品牌，拒絕「差不多就可以」的往前騎，然後騎著、騎著，自己小小的身影越來越「巨大」（捷安特的英文名稱Giant就是巨大之意）。

是啊，在尚未擁有品牌的當下，我們會受委屈、領低薪、尊嚴瀕死，但心中不能不**護持一個永恆守候的品牌——要做到最好、要言而有信、要當自己最終的品管員。過不了自己這關的，絕不放行**。然後，你可以上路了，可能爬坡時會累到爆，出很多力，卻前進不了多少，但撐過那個點後，你會發覺，只要輕輕踩一下，就跑了好遠。你會更加珍惜自己品牌的價值，也會了解，在越渺小的當下，越應該守護自己的品牌。

是的，只要願意守護自己的品牌，你將無限巨大。

＃品牌力二

學習歷程是跟你一輩子的「品牌」

品牌（brand）這個字，來自古挪威文「randr」，意思是烙印。會烙在你身上，一輩子。

曾經有位學生小明，讓我特別「難忘」，因為他當過兩次「落跑達人」。

小明英文好，口才更好，高中時接了社團的重要幹部。剛進入大學時，承諾協助母校擔任某項大型活動的執行長。沒想到不久就開始搞失蹤，電話不接，訊息也已讀不回，留下眾人措手不及，我只好趕快找另一位同學接下爛攤子。

一年後，有位念政大的學長回校，向我發出嘆息：「老師，我被小明出賣了，他答應我要擔任營隊的副手，但不久又搞失蹤了。」

「你會告訴其他同學這件事嗎？」我很好奇。

「曾跟一些共同的朋友抱怨過，」學長搖搖頭：「我應該不會再信任他了。」

兩個月後，小明竟然西裝筆挺回到學校。「老師，我雖然才念大三，但已經在創業了，」小明又開始舌燦蓮花：「這是我的名片，我在做各種設計，老師如果有需要，可以找我，也可以介紹給朋友喔。」

小明離開後，我將名片丟進廢紙回收，因為我知道，他是個無信之徒。

今年，某家連鎖補習班的總裁來電：「今天有一位大學畢業生想來應徵英文老師，他說以前被主任指導過，想請教主任，是否推薦這位學生？」

「不推薦！」我答得斬釘截鐵，也一五一十敘述他過去的「落跑」經歷。

「哈哈，主任，謝謝告知，」總裁笑著說：「兩次就應該定型了。有二，必有三，我知道怎麼做了。」

我常向很多企業主推薦我的學生，也因為他們表現良好，企業願意繼續接受我的推薦。但最近一位做呼吸器的總裁向我抱怨：「你最近推薦的兩個畢業生都不好用，我以後很難相信主任的推薦喔。」

我感到很羞愧，也決定從今以後，不管寫大學推薦函，還是回答企業的詢問，都一定要據實以答，以免砸了自己的品牌。

品牌是品質、品味跟品格

沒錯，人生最重要的就是品牌。品牌包括品質、品味跟品格，不重視品格的人，不可能有品牌。沒有品牌，就沒有價值；沒有價值，就只剩下價格，只能當個一輩子跟人家比價格的低階工作者。

新課綱希望學生準備學習歷程，其實每個人每天都在寫學習歷程。別小看自己一兩次的言而無信，因為那會變成你的品牌，跟著你上大學，甚至，跟你一輩子。

品牌（brand）這個字，來自古挪威文「randr」，意思是烙印。因為上世紀的遊牧民族會在牛隻身上烙下印記，代表所有權。所以想對剛進入青春期的「小大人」說句話：這個世界很大，大到你可以航向五湖四海；這個世界也很小，小到你年輕的所作所為，都會烙在你身上，成為你一輩子揮之不去的「品牌」。

LINE

2

溝通互動

#溝通力

溝通有邏輯，才能與世界擊掌

溝通時，用同理心，先講重點。不僅有利申請入學，而且還能找到好工作。

外甥就讀成功大學研究所，今年全班五人至台積電面試，最後三人錄取。詢問被錄取的外甥，面試八十分鐘，問題內容為何？外甥給出令人匪夷所思的答案：「沒問學科的專業，就東聊西聊，聊生活、聊嗜好、聊對時事的看法。」

「那，你的同學為何被刷掉？」我好奇追問。

「他不會聊天，面試官在他的意見欄上寫『缺乏邏輯』，」外甥哈哈大笑：「他平常講話沒重點，上次在新竹廠也是因為這個原因沒被錄取。」

台積電如此面試新人，其實也有道理，因為在職場上，團隊需要密切合作，如果遇到一個說話跳躍式思考的豬隊友，同事應該很難跟他溝通互動。

其實**溝通要有邏輯，有兩個方法：第一是用同理心，傾聽對方的真實需求；第二是先講重點，後面再補充。**

另一位成績普普的遠房親戚，被包括台積電和中船等二十多家上市公司錄取，詢問他祕訣，他給的答案一樣是聊天能力。

這位深受長輩喜歡的大男孩，從小就有和父親聊天的習慣，在學校也不畏懼與師長互動，所以在面對父執輩的面試官時感覺很自在。「我覺得**真正會聊天的人，是『擅長傾聽的人』，我不用講太多，只要顯示興趣與好奇，抓住對方的重點提問或表示肯定，他們就會知無不言，言無不盡。**」大男孩說出超齡的結論：「其實大人不喜歡賣弄多嘴的年輕人，反而欣賞認真傾聽後，問對問題的人，因為那會表現出誠懇的特質。」

先講重點，才能跟教授溝通

台灣的寫作教學強調起承轉合，然而套用在日常對話溝通上，常讓聽者苦不堪言。

我曾經是一個講話沒重點的人，喜歡落落長的起承轉合，搞到對方很不耐煩，甚至有理科老師受不了：「你講重點好嗎？你們念文組的，為什麼講話老是繞來繞去？」

這樣的壞習慣老改不過來，直到當了主任，上台的次數多了，必須十秒鐘報告一件事情，才慢慢發現祕訣就是「先講重點」，有時間再補充。

其實這個方法，也可以套用在申請入學上，一位學生就因此上了頂大。

學生沛芠擁有非常好的學習歷程，她自國中開始就嘗試做電商，開創了自己的農產品小本生意。高二階段，寫程式製作了Chatbot—Endless Learning，幫助新課綱學生。另因募資計畫，有幸與國際公司接洽，了解世界貿易。之後在微氣候公司擔任食農教育專案負責人。資料如此豐富，但高三時參加頂大特殊選才，卻全部鎩羽而歸。

看了她原來的自傳後，我終於知道，她因為不擅長溝通，所以名落孫山。今年幫她重新調整自傳後，成功錄取了清華大學、陽明交大及中山大學。以下是為她修改自傳的三個重點：

一、「金字塔」式的結構

重點是塔尖，要放在最前面，下方才是一層層的補充。

沛芠原來自傳的開頭是：「我生活在一個巨大的泡泡中」，而這個泡泡竟然寫了整整一頁。我告訴沛芠：「你要用同理心為教授思考，他們必須看幾百份的自傳，花在每一份自傳的時間可能不到三分鐘。當他看完你的第一頁卻還抓不到重點時，會很焦慮。所以你必須將最亮眼的程式能力、創業經驗及社會參與等重點，放在最前面。當教授一開始閱讀，就抓到亮點，才有興趣翻到第二頁。」

金字塔式的文本結構，不僅可用於自傳，連平日對話或接受採訪，都非常有用。例如我現在時常上媒體，尤其是廣播現場，若重點不放前面，常常到了要講結論時，被廣告卡掉，聽眾會覺得不知所云。

二、5W1H法

去掉冗詞贅字，留下最重要的「人時地物法」。例如，「今日起每人可至圖書館借十本書，寒假歸還即可」。如果時間許可，後面再說明原因：「寒假抱書過暖冬，每人借書量增一倍，希望同學們利用寒假多閱讀，因為現在學測各科題幹很長，如果閱讀量不足，大考時會看不完、也看不懂」。

後面說明是why，是耗時的說理，是起承轉合的起手式，以前我習慣放前面講，常常導致最後時間不足，最重要的「人時地物法」被匆忙帶過。

三、「結細結」法

這是企業界最鼓勵採用的溝通法，也就是在**兩個結論的中間加上細節說明。其結構如下：結論、細節、結論。**

從聊天學會溝通

二十年前開始，我幾乎每個星期六早上都會帶母親去爬山。途中，我們會不經意聊天，母親開始回憶起小時候的事。那是六十多年前的台灣，我的眼神充滿巨大的好奇，鼓勵母親越講越多，我才明瞭，原來外祖父曾被日本人調到菲律賓當兵，被麥克阿瑟將軍趕到叢林裡躲起來，所以抗戰勝利後好久，才回到台灣；而祖父在二二八事件時，被抓走關了三天；還有父親當初是如何追到母親的「祕辛」。

太多有趣的故事被我寫入書中，因此我曾辦過校內「大江大海寫作比賽」，要學生訪問自己的祖父母，寫五十多年前的台灣。最後集成的故事變成一幅波瀾壯闊的台灣史，非常感人。其中幾篇向外參賽，也得了大獎。

有一年擔任水保局徵文比賽評審，在四百多篇作品中，我們三位評審最後一致決定，將第一名的桂冠頒給書寫八八風災受災戶「阿香」東山再起的故事。這位得獎同學從與阿香的聊天中，一點一滴拼湊八八風災的始末，以及人民和土石流對話共生的故事。這比那些白描說理的論說文動人多了。

現代人不喜歡大道理，但都喜歡聽故事。如果可以將我們想傳達的概念藏在故事中，不僅文章好看，讀者也更樂於接受你的想法。然而，個人的生命歷程有限，若能加進別人的故事，一定更為動人。

書寫自己的生活點滴，是最動人的「一手經驗」；別人的故事是「二手經驗」，撼動力略減。聊天得來的故事，介乎一、二手經驗，一樣引人入勝。聊天真的很重要，是溝通互動的基礎，也是學習法門中最有效又最簡單的「吸星大法」。

美國麻省理工學院將他們的寫作課命名為「溝通」（communication），就是提醒大家，寫作的重點是溝通，而溝通的重點是「受眾思考」，是「關注對方」。今天起，我們可以開始練習，從聊天來內化同理心與「講重點」的溝通素養。日後不僅可以上更好的大學，還能找到更好的工作喔！

#聰明力

真正的聰明

真正的聰明，是懂得自己的獨特優勢。

這是一則令人拍案叫絕的廣告。

第一個鏡頭落在黃昏的飛機跑道上，在悲壯的音樂聲中，一輛白色房車與一輛小車，在起跑線蓄勢待發。接著，綠色起跑燈亮起，兩車同時絕塵而去，但白車通過黑白旗許久之後，小車才姍姍來遲，慢慢通過終點。

緊接著，激昂的鼓點響起，第二場比賽開始。小車仍在，對手換成更大型的黑色房車。一樣的燈閃衝刺，結局卻更加慘烈，黑車衝過終點又折返時，小車才溫吞抵達。

然後，在悲壯的音樂聲中，小車竟然還要進行第三場賽車，這次的對手是紅色保時捷跑車。觀眾想當然耳，小車這下子將輸得更慘了，但此刻銀幕上出現一行字幕：「高速在都市中無用武之地。」然後鏡頭轉換成由上而下的俯角，觀眾霎時看見，原來起跑線前還有一條五公尺線，此時銀幕再跑出一行字幕：「前五公尺，才重要。」接著連續播放三場賽車前五公尺的畫面，觀眾驚訝發現，原來這三場比賽，都是小車率先通過五公尺線。

廣告的最後，奏起輕快的搖滾樂，鏡頭跳接到都市的十字路口，這輛名為Smart的小電動車，在綠燈一亮時，因為「加速起步」最快，一馬當先，搶在車陣之前。觀眾此時終於對廣告的幽默會心一笑，也理解到Smart「聰明」真正的定義。（廣告影片連結：https://youtu.be/b1iJJZfB7i0）

懂得自己的優勢，才是萬物之「靈」

在字面上，「聰」指的是聽力，「明」指的是視力。人類不管多麼努力，我們的聽力天生比不過貓與狗；視力也永遠比不過鷹隼，然而我們卻懂得利用自己的優勢，成為大地上的萬物之靈。

就像這個廣告中的小電動車，一開始就「自曝其短」：是的，我開不快，在飛機跑道上，我會輸給所有的汽車，但我知道，只要我了解自己的優點，選擇擅長的跑道，我也能成為第一。

然而，這個世界上大部分人都喜歡選擇同一個跑道，成為失敗者後開始自怨自艾：「我就是不夠聰明，才會屢戰屢敗。」

愛因斯坦有句名言：「每個人都是天才，但如果你用爬樹的能力評斷一條魚，它將終其一生覺得自己是個笨蛋。」因為愛因斯坦念高中時，沒有通過文科考試，因此備感挫折，直到他找到適合自己的跑道，才重拾信心。

「你聰明嗎？」下次被問到這個問題時，先不要急著回答。你可以思考這個小車廣告與愛因斯坦的故事，然後你會了然，真正的聰明，是承認自己的不足，然後依自己的優點，找到適合的戰場。在那裡，你可以更早「加速起步」，所向披靡，一馬絕塵！

＃發表力

寫好讀書心得六法

發表是吸收的利器，手到是心到的法門。

——胡適

人類偉大的知識，在兩次知識大爆發時，主架構已經大致完成。一次是二千年前，老子與蘇格拉底的年代；一次是十九世紀末期到二十世紀初期，當現代主義、精神分析與量子力學同時噴發的年代。

現代的暢銷書，例如《正是時候讀莊子》、《情緒陰影》、《被討厭的勇氣》，其實大多是作者在閱讀這兩個時期的經典後，以自身經驗，用更淺白可解的語言，去談論應用面。所以說，這是個說書人為王的年代，也是閱讀者應該釐清「輸入」與「輸出」管道的年代。

過往的語言教育使得我們常把「讀」和「寫」視為兩件事，然而今日我們必須讓閱讀經驗「有效能」成為寫作的題材。職是，台灣現今高中端設有閱讀心得比賽。何則文與高永祺甫出版《知識複利》一書，書中對「知識複利」的定義大體可歸納為：做時間的朋友、提升知識內化、將知識化為行動或產品的能力。

而我的定義則是：**閱讀後，用自己的話講出他人瞬間秒懂的知識**，發表在平台，產生影響力與產品。若要訓練此種能力，以下提供六種練習寫好讀書心得的方法：

一、一百字內介紹全書

先讓讀者認識這一本書，是寫心得的第一要件。然而飛文染翰，佳篇盈帙，要如何在簡短篇幅內，完整介紹一本書？建議最好的方法，就是「刪減法」。

以前在英文研究所修「高級英文寫作」時，教授要我們在第一個星期，用一千字寫論文摘要（summary），第二個星期縮成五百字，第三個星期再縮成三百字，想不到最後，還必須濃縮為一百字。同學們都怨聲載道，然而教授還是說服了我們：「國際的學術論文摘要，都是一百字左右。記得，**再偉大的故事都可以用一百個字講完。你只要不斷的刪減，最後一定能刪掉不需要的文字。**」

二、結構完整

這一點是所有參賽者最難做到的，多數作品的弊病是「比例失衡」。讀書心得比賽當然是要「書心並存」，書籍內容介紹要有，閱後感思亦不可廢。然而許多作品，僅獨鍾一隅，無法收「理情交融」之功。

三、評論有所本

評論之本可分四大面向，分別是作者生平、創作背景、內容簡介、名言佳句。這四個脈絡齊全後，更容易帶領評審進入作者心中的伏流，讓感思湧泉其來有自。

例如介紹美國作家沙林傑（J. D. Salinger）的《麥田捕手》（*The Catcher in the Rye*），就不能漏掉小說中最經典的獨白：「我老是在想像，有那麼一群小孩子在一大塊麥田裡做遊戲……我呢，就站在那混帳的懸崖邊。我的職務是在那兒守望，要是有哪個孩子往懸崖邊奔來，我就把他捉住——我只想當個麥田裡的守望者。」這段話，不僅體現了主角對人生的純真渴望，也讓讀者理解小說名稱的由來。

四、感懷有所思

文本如群山萬豁，讀者之心便是山濱江湖，因為生命水相各異，映照出迥然不同的「鏡像」。「鏡像」會被鏡面所收束，就像**感想再充沛，都不能奔向無方，必須有所思，收納在哲學的大海。而哲學，就是選擇，是掩卷浩歎後的生命所向。**

看完《麥田捕手》，就不要害怕說出自己青春的焦慮，用生命的獨特角度，帶出心得的高度。許多得獎的作品，因為願意做到散文的「自我揭露」，讓自己的生命之鏡勇敢映照文本，最後閃耀抉擇之光，矚目耀人。

五、文字流暢

余光中說：「**西化有一個現象，就是標點用得少，結果是句子太長。標點在英文是按文法需要，但在中文，則是按文氣需要。**」

標點用得少，句子太長，是現代行文通病。建議同學們寫完後，**將所有的句子調到十五字內，而且結論時，盡量用短句，便會發現文氣舒暢許多。**

王鼎鈞說：「好文章是要燉的。」寫完不要馬上投，放在抽屜裡，每天看幾次，必會發現邏輯不順與可修剪之蕪言蔓語。慢燉細剪，最後必能修出文氣曉暢、節奏有致的佳文。

六、用自己的話，轉識為智

胡適曾說：「發表是吸收的利器。」寫好讀書心得，將書本的內容分享出來，是消化資訊、整理概念、再內化為知識的重要過程。

寫完讀書心得，日後你才有能力用自己的話介紹這本書，也才能讓知識進階到最後一段，那就是終生受用的智慧、能力或素養。

#簡報力

簡報的二十個重點提示

簡報時，前十秒就占九〇%印象！

我所服務的圖書館，自八年前開始舉辦「閱讀簡報王比賽」。一開始只有個人組，六年前增加班級團體組。以下是辦理多年來，為學生所做的「簡報的二十個重點提示」：

一、勿帶稿上台，也不要看手機唸稿。**看稿是對觀眾的不尊重**，也是缺乏信心的表現。

二、**九九%的時間，目光應與觀眾接觸**。簡報僅供提示，演講時請勿一直背對觀眾看投影片。

三、要**內化閱讀的資料，用自己的語言講**，勿背誦文謅謅的文稿。

四、記得目光接觸（eye contact）。然而兩眼對視時，常讓人不自在，因此可**將目光焦點放在聽眾的人中**（鼻與嘴中間的位置），這樣彼此都不會感受到壓力。

五、眼光勿定在同一方向，可輪流掃瞄舞台下的三個點，依序是中、左、右。這樣的關注，可以展現出演講者的自信。

六、簡報文字不宜過多，標出關鍵字即可。理想的一張簡報只放關鍵字。如果字數超過十五個字，關鍵字可以「加大」及「變色」來抓住聽者的注意力。

七、**投影片以圖為主，圖的效果勝過表，表的效果又勝過文字**。

八、演講的前十秒最重要，占九〇%的印象。所以說，丟掉傳統作文

「起、承、轉、合」的鋪陳，把最炫、最吸引人的部分放在開頭。

九、**分享不是「我思故我在」，最重要的是「你思故我在」**，一切設計以吸引聽眾注意力為出發點。可用一個問題開場，例如：

你知道《危險心靈》為什麼危險嗎？你知道《青春第二課》為什麼叫第二課，而不是第一課嗎？你知道《柔軟成就不平凡》書裡的「柔軟」是指哪兩種「柔軟」嗎？

十、可用作者的生命故事開場。例如介紹幾米的書，可以這樣說：如果你得了血癌後，你會了解，人生的夢想不能再被錯過。

十一、可用書中的警語佳言當亮點開場。例如，《盜墓筆記》告訴我們，有些面具戴太久，就摘不下來。

十二、舞台很大，有（無線）麥克風和簡報筆，可以走動，可以走到聽眾前，表現出你的從容與自信。記得，站在台上，拿起麥克風，你就是舞台的王，所有的人都得聽你的。

十三、一定要有「聲音表情」，以顯示你分享的熱情；要有抑揚頓挫，**講到重點跟關鍵字的時候，要放慢、停頓、加重**。

十四、放輕鬆、微笑。你放鬆，聽眾就放鬆，真正的交流就開始了。

十五、練習時可先講一次給他人聽，去掉冗詞贅字。例如「對」、「那個」、「然後」等。

十六、如果在比賽中想講笑話，或做一段精采的經驗分享，請留給觀眾一點時間回應（可能是兩秒的空檔）。這時不要急著繼續講下去，只要微笑享受聽眾的笑聲和掌聲，然後再繼續你的簡報。

十七、**簡報結束後一定要有訴求**。例如「你一定要來這個地方一次」、「是我們伸出援手的時候了」、「這是一生一定要讀過的一本書」。

十八、不要講「很好」、「很感人」的攏統形容詞，要用「名詞」講出「畫面」，用「量化」說理。例如不要講「麻薏很營養，對健康很好」，要講「麻薏抗癌及顧胃的功效是維生素C的五倍，維生素E的七倍」。又例如介紹吳寶春時，可以這樣講：

吳寶春出生「屏東」鄉下，是家中「八」個小孩的老么。「十二歲」時，父親過世，從小是班上「最後一名」。初到台北的吳寶春只有「一百三十八」公分高。剛當「小學徒」時，「師父」要他秤「一百兩的糖」，他因為沒有讀書，不知道一斤就是十六兩。但靠自己的努力，成了「世界麵包冠軍」，還念完「企管碩士」。我們資源比他多，怎麼可以不努力。

十九、時間掌控最重要，講多點不如講一個完整的點。

二十、演講就是講故事，**故事要有戲劇張力。兩點越遠，張力越大。要從最難、最苦、最痛、最想放棄的那個點開始講。**例如講《重生》，可以這樣開頭：

這本書的作者陳慧珠從小立志組幫派，長大成為大哥的女人，吸毒十一年，二十九歲首次入獄，隔年再度入獄……。

簡報力不僅可推廣閱讀，也是職場上必備的能力，只要多善用以上技巧，多加練習，一定可以成為會說故事、能分享熱情的未來領袖！

#模仿力

有為者，亦若是

智商是天生，智慧是選擇。智商是天生，無法複製，但智慧卻可以模仿。一起模仿唐鳳的十種智慧！

有人說，因為世紀疫情而名滿亞洲的唐鳳是「外星人」，因為他充滿創意，成為史上最年輕的數位政委。然而，唐鳳青春期異常坎坷，甚至動過輕生的念頭。他之所以可以走過慘綠霸凌歲月，如「鳳」凰浴火重生，除了靠他的高智商外，更多的，是靠他過人的智慧。智商是天生，智慧是選擇。智商無法複製，但智慧卻可以模仿。

以下彙整出唐鳳的十種智慧，期待有雄心大志的下一代，可以心懷「有為者，亦若是」之豪情，起而效尤。

一、發現需求，走入需求，重新發明你的工作

所謂工作，就是市場的需求。唐鳳總可以「發現需求」、「走入需求」、最後「成為需求」，甚至以這些需求為基礎，發明了以前並不存在的工作。

二〇一六年邀請唐鳳進入內閣的行政院長林全，希望她能夠做好「開放政府」、「社會企業」與「青年參與」這三種業務，最後她以「數位的專長」、「超人的好奇心」，以及「終身學習的能力」，把這三項領域做完美的結合。作家丘美珍因此形容：「唐鳳重新發明了她的工作。」

戴爾科技（DellTechnologies）與美國智庫未來研究院（Institute for The Future，I F T F），曾於二〇一七年集結全球二十位科技、學術及商業精

英，發表《人機合作新時代》報告指出，在二〇三〇年的工作中，有八五%還沒被創造出來。而這八五%的工作是哪些呢？沒有人可以答得出來。但是我們都可以做足準備，只要願意在「發現需求」後，為世界的需求「終身學習」，我們必能發明這八五%的工作，成為每個時代的領航者。

二、離開學校後，沒有離開老師與學習

在資訊爆炸的時代，為了解決一個複雜的問題，唐鳳常常一天必須閱讀超過四百頁的資料，這閱讀的素養，都得歸功於從小養成的「自主學習」習慣。而自主學習的習慣，最好在青春期就能養成。

一直以來，台灣的學校從早上八點到下午五點，把學生留在校園裡，每天塞滿了課程跟考試，剝奪學生自主學習的時間跟空間。一旦離開校園，不再有考試制約，年輕的大人失去學習動機。也因為失去學習的興味，無法迎向職場的挑戰，很容易鎩羽而歸。

唐鳳八歲時就自學電腦程式，當她發覺自主學習可以帶來最大的學習效

能時，就決定離開校園，從網路學習。但是唐鳳並沒有離開老師，她會依自己的興趣及程度，上窮碧落下黃泉，向全世界的老師學習。

三、用幽默來面對攻擊

在網路的世界，訊息流動速度快，造成人們情緒被快速刺激反應。因此唐鳳分析，面對假訊息時，政府不只需要提出事實，也要「轉換情緒」，而方法就是用幽默來面對攻擊。

曾有網友拿唐鳳的髮型開玩笑，狠酸：「嚇到吃手手，你的髮型落後一百多年，清朝人？」貼文釣出唐鳳本尊高EQ回應：「感謝具體建議，防疫期間確實沒空造訪好剪才（髮廊），下週來改造型。」

面對攻擊時，唐鳳先「轉換自己情緒」，不隨對方節奏起舞，才有機會「轉換對方情緒」，最後走向良性溝通。

四、將學習與興趣結合

教育部訂定「二〇三〇雙語國家目標」，就是希望學校可以從傳統的EFL英語外語教學（English as a Foreign Language），走入以英語為第二語言的ESL（English as a Second Language）目標。這兩者的差異，就是英文不再只是考試科目，而是可以實際應用在生活上。因此學好語言，絕對必須跟生活結合。

唐鳳將學習與興趣結合，靠聽英文饒舌歌曲來學習英文。例如她喜歡百老匯音樂劇《漢密爾頓》（Hamilton）裡的饒舌歌，可以不用想就能唱出來。

建議同學們也可以試著將自己沉浸在英語環境中，例如將手機調成英文版本、開始聽英文歌當消遣、每天起床後就打開英文的podcast、看電影或YouTube影片時嘗試不看字幕、在大學找外國室友合住等方法，將學習與生活結合，一定可以更快掌握外語。

五、黑客精神，一刀一斧對付難解的問題

唐鳳自少年時期仰慕黑客文化，這種黑客可不是一般人印象中破壞電腦系統安全的違規者，而是指「出於興趣解決公民議題的人」。黑客（hacker）這個字，來自hacking，就是用斧頭慢慢的、一刀一斧的把一棵大樹砍下的動作。而對付難解的問題，像伐木工一樣去解決的人，就叫做黑客。

事實上，出於興趣解決問題的ＰＢＬ問題導向學習，正是黑客精神的核心，也是一〇八教改的核心。而最棒的學習歷程，就是學生出於興趣、定義問題、解決問題，一斧一斧為自己砍下知識大樹的歷程。

六、真正的領導，深入對方的立場

唐鳳導入在資訊界已經成為共識的「協作」概念，並且設立協助會議的引導人，讓民間與政府之間，下情可以上達，上情也可以下達。這樣的會議引導人必須處理許多爭議，難度很高。有經驗的引導人，是會議能否成功

的關鍵。唐鳳認為，「協作」要做的，不是說服對方，而是更深入對方的立場。討論時，顧慮到別人的感受，並努力思考，能不能創造出兼顧各方利益的解決方案。

七、畫筆記閱讀，更容易形成長期記憶

唐鳳是個非常有效能的讀書家，不管看實體書或線上的書籍，她手上都必須有一枝筆去記下重點。她發覺，這些記下重點的過程，即使潦草到連自己都看不懂，但可以幫助她吸收書中要傳達的概念。

因為當讀者畫下重點或寫下重點筆記時，會透過眼睛，在腦中形成「圖像記憶」，就像圖檔比word檔需要更大的記憶體，圖像記憶比文字記憶更容易形成長期記憶。

八、有充足的睡眠，學習效果才會好

唐鳳說他每天都要睡足八小時，否則短期記憶無法轉成長期記憶。有時當學習的資料多時，他甚至需要一次睡足十個小時，才有辦法記住。

台灣睡眠醫學學會在二〇一八年公布調查，全台有將近一五%的青少年因為失眠問題，干擾到日常生活。當學生晚間睡眠總時數低於七小時，就會有明顯的經常上課遲到、打瞌睡的問題；反之，**睡眠總時數高於七小時以上，其學業成績表現屬於班上前三分之一的比例超過一半。**

所以有熬夜讀書習慣的學生，一定要試著做好時間管裡，每天至少睡足七小時，否則傷了健康，成績也好不了。

九、不與他人比較，在自己的跑道上，就是資優生

如果大家覺得唐鳳今日成為揚名立萬的台灣ＩＴ大臣，是因為天資聰穎，家庭文化資本高，所以成長一帆風順，那你就大錯特錯了。唐鳳罹患先

天性心臟病與多種疾病，不能奔跑跳動，動作緩慢也成為在學校常被欺負的理由。

小學二年級時，唐鳳遭到資優班同學圍毆，有同學甚至以椅子攻擊她的腹部。小學三年級時，唐鳳曾一度休學，導致她無法與社會良好銜接。

在學校問題日趨嚴重，唐鳳開始懼學，夜晚會哭泣做惡夢，還有了自殺的念頭。然而喜歡學習與思考的唐鳳，在成長中逐漸了然，沒有人應該與他人比較，每一個人都有自己的天賦與老天給的功課，每一個人都有獨特的跑道。和他人比較，一點意義也沒有。每一個人在自己的跑道上，都是資優生。每一個人最應該做的事，就是看重自己。

所以二十四歲時，唐鳳在部落格上自行宣告為跨性別，將自己的姓名由原來的男性化名字「唐宗漢」，改為較中性化的「唐鳳」，之後更在行政院人事資料表的性別欄填寫「無」。

十、要有「建立新習慣」的習慣

唐鳳認為，自己學習新事物的祕訣是有「建立新習慣」的習慣。她建議，**通常一次建立一個習慣就好，不要同時建立很多個，這樣會有「戒斷症狀」，不容易成功**。

根據科學研究，**要建立一個習慣大概要花兩個月的時間，但是如果下定決心去做，一年也可以建立六個新習慣**。

這篇文章有好多「唐鳳Style」的好習慣，等著大家一項一項去建立。當然，如果願意每隔兩個月養成一個好習慣，最後，台灣或許不會有第二個唐鳳，但一定會有越來越多的新生代，因為在自己的跑道上越跑越快，成為各行各業的資優生！

#發問力二

別讓「不好意思」成為學習的阻力

台灣人喜歡把「不好意思」掛嘴邊，這是外媒說的「永不停止道歉的島嶼」？還是華人社會「最精緻的、無與倫比的禮貌」？

二〇二一年四技二專統測國文科寫作，要求考生分析「不好意思」在生活中的運用與影響。這是超棒的思辨題。

英國廣播公司（ＢＢＣ）旅遊版曾形容，台灣是「永不停止道歉的島嶼」，因為台灣人老把「不好意思」掛在嘴邊。好的思辨題就是要「執其兩端」思考：台灣人的「不好意思」到底是缺乏自信？還是華人「最精緻的、無與倫比的禮貌」？個人覺得，兩者都對。

文化的中心會不斷變動，但文化副中心卻會妥善保存「文化的樣本」，所以「禮失，要求諸野」。例如日本在大化革新（西元六四五年）時，效法中國唐朝體制，成立中央集權國家，完整保留唐朝的建築、服飾和禮儀文化，而中國由於各個王朝的更迭，有些唐文化已不復存在。

整個漢文化圈都有類似的故事。例如明朝時，朝鮮半島還是高麗王朝，李成桂將軍在大明的幫助下，在一三九二年建立國祚長達五百零五年的朝鮮王朝。李氏朝鮮從明朝全面學習了文化、服飾、建築、典章制度，完全以儒教治國。所以當我們到韓國古蹟遊玩，或者看韓劇，當中所見到的華夏衣冠多是明朝樣式。

因此，有歷史學家說：「唐朝在日本，明朝在韓國，宋朝在越南，民國在台灣。」

台灣曾被日本占領五十年，因此日本人掛在口頭的すみません（su-mi-ma-sen）也滲入台灣人的文化中。すみません相當於中文的「不好意思」，

說話者通常沒有真的做錯事，只是禮貌性的希望對方諒解。

日本多禮的文化與華人溫柔敦厚的文化，在台灣交融，形塑成台灣人最「精緻」、最「無與倫比」的禮貌。

反觀對岸在一九六六年開始的文化大革命，提出「徹底破除幾千年來一切剝削階級所造成的毒害人民的舊思想、舊文化、舊風俗」。十年動亂後，中國人的狼性被引發，兩岸的文化與語境也漸行漸遠。

「不好意思」的文化，或許是台灣服務業的溫厚土壤，卻也有可能成為個體不敢向前的阻力。

德國學生發問的狼性

任教於台灣師範大學的社會語言學教授李勤岸認為：「『不好意思』這種文化是台灣獨有的，並不存在於其他華語地區。說『不好意思』的習慣，可阻止矛盾的進一步升級。它是數千年儒家和諧思想的產物，是為了維持群體關係，而不是個人關係。」

我常在演講後，詢問台下是否有任何問題，此時總是一片死寂，往往等到散場後，聽眾才聚集在我面前發問。「我不好意思在眾人之前發問。」聽眾總是這樣回應。

然而這樣的文化在校園生根後，會造成非常嚴重的影響。考試後，我會問學生：「你上課時明明沒聽懂，為什麼不問？」「我不好意思問。」又是一樣的回答。

記得二〇一八年，我與德國姐妹校老師帶學生訪問漢諾威的德國國家能源中心時，中心的研究員表示，德國已經投入兩百多億歐元，與東非大裂谷周圍的五個國家合作，要開採地熱發電，為的是要讓德國往後一百年，能源不虞匱乏。

一位德國學生馬上舉手：「如果這五個國家與我們斷交，那我國政府要如何因應，這兩百多億歐元會不會付諸流水？」

那天在能源中心，研究員的話經常還沒講完，德國學生就已紛紛舉手發問。世界首富、特斯拉創辦人馬斯克曾說：「**問題比答案難找，會問問題的人，才是世界未來需要的人才。**」德國學生認真思考、追根究柢發問的狼性，讓我找到了這個國家之所以強大的原因。

姐妹校校長說，教育的目的就是要讓學生勤於思考、勇於發問，所以他們在考核一堂課時，若發現老師無法讓全班每一個學生舉手發問，這堂課就fail（失敗）了。

之後，我到姐妹校的六個班級觀課，發覺校長所言不虛，真的所有班級的學生，都會主動舉手發問，沒有學生因此而覺得不好意思。

「如果你不發問，同學會覺得你是笨蛋，」在馬修老師的雙語地理課後，有位八年級的學生這麼告訴我。

學問、學問，學習怎能不好意思發問

「印度工程師比台灣工程師敢發言、敢要位置，他們不會覺得不好意思，」幾年前訪問矽谷時，一位台灣的主管有感而發：「印度的教育從中學開始，就很少考選擇題，他們的評分是看學生的分析與推論能力，要求學生學會如何清楚表達意見、快速切入重點。反觀台灣工程師在開會時，總是不好意思開口，所以許多升遷機會都被印度工程師搶走了。」

大學同學珍（Jean）在加州辦理簽證工作，她也感受到這個趨勢：「美國的高科技人才工作簽證（H-1B），有一半是發給印度人，剩下一半才由世界其他國家瓜分，而台灣人拿到的比例一直在下降中。」

學問、學問，有效的學習者若要建構扎實的知識，怎能不好意思發問？當「不好意思」的文化還深植在台灣校園時，我們真的應該找方法激勵學生找回學習的狼性，不搞懂知識絕不鬆口。

文化的中心不斷變動，文化的副中心可以妥善保存「文化的樣本」，一旦副中心願意從善如流、改變文化時，也一樣可以成為輸出文化的中心。

你看大力輸出文化的韓國人，雖然也是「漢文化圈」的一環，可是當他們將「漢城」改成首爾、主張孔子是韓國人時，他們可是一點都不會感到「不好意思」。

#簡單力

複雜與簡單

複雜的事情簡單做，你就是專家；簡單的事情重複做，你就是行家；重複的事情用心做，你就是贏家。
——馬雲

疫情期間，身體突感不適，到社區診所就診，診斷為疝氣。醫師說，除了開刀，沒有治癒的方式，但疫期他不動刀。

眼看台灣疫情一波未平，一波又起，動刀日遙遙無期，幸好一位藥師推薦：「可找J醫師，我們院長主攻外科，得了疝氣也只找他動刀。」我上網一查，竟發現J醫師已執行疝氣開刀七萬多次，是世界紀錄的保持人。

不當第一，當唯一

原來J醫師當過教學醫院主治醫師後，想要開業，發覺一間診所要做腸、胃、疝氣、膽囊等手術，在人力或醫療設備方面均感不足，因此決定選擇較無急迫性、手術時間短、安全性高的疝氣為唯一手術，並開設台灣唯一的疝氣專科醫院。堅持逾三十年，累積了許多寶貴經驗，且一再改進教科書上的方法，最後創意融合出一套獨家的刀法。其患者再發率竟不到〇．二%，遠低於台灣平均的五%復發率。

看了這些資料，便放心就醫。醫院快速幫我申請PCR檢測，下午知道結果，隔日馬上動刀。一星期後拆線，恢復日程完全如J醫師所告知。

J醫師不多話，渾身盡是「我說了算」的自信。一般人可能覺得傲氣逼人，但我懂，那是歲月淬煉出的神氣。因為那股氣，我也有。

如同阿里巴巴集團馬雲說的：「複雜的事情簡單做，你就是專家；簡單的事情重複做，你就是行家；重複的事情用心做，你就是贏家。」然而，那「複雜的簡單」與「用心的重複」，這世間，很少人達得到。

就像我二十多年前就立志要在校園裡指導校刊、教現代文學創作、辦國際教育，至今未曾中斷。每當有升職的機會時，一想到會影響這些志業，就馬上斷然拒絕。二十多年過後，竟然發現在這三條孤獨的路上，很少人走得比我更久。也因為累積他人無法超越的成功案例，很多複雜的問題變得越來越清楚。例如看到學生文章的問題，馬上就可以找到「脈絡的斷裂處」，然後快速用邏輯接上。

這個道理，一位擔任醫師的老同學昨日又提醒了我一次：「疝氣手術看似最簡單，其實也很複雜。會有疝氣，是因為托住臟器的筋膜組織退化了，變薄了、破了洞。變薄的筋膜構造多達八、九層，每一層脈絡的斷裂，要接到天衣無縫，真的需要一身的修練。」

世間有太多簡單的事物，就像那看似簡單的筋膜，只有日積月累的用心摸索，才能在簡單處看見它的複雜，然後在複雜處，看見簡單的解決脈絡。

其實世上任何行業的贏家，都走過這樣的修練歷程。他們可能一輩子只賣一種臭豆腐、一輩子只養一種魚，或是一輩子只開一種刀。但是因為專注、因為堅持得夠久，才釐清了世上的複雜；而平凡人，只會將他們的成功，看得很簡單。

#恆溫力

用溫度創造排隊名店

我們不能選擇自己的出身、長相或聰明才智，但可以選擇當一個有溫度的人。

住家方圓一百公尺內，有三家耳鼻喉科。其中一家是「排隊名店」，另兩家卻是反差極大的「門前冷落車馬稀」。造就這家「名店」的關鍵，是一位年輕的暖男醫師，我們全家人被問診一次後，也和其他人一樣都被他「圈粉」了。

上個月我得到急性鼻竇炎，因當日暖醫無班，只好掛另一位女醫師的診。女醫師用字精簡，言簡意賅，只說一句：「鼻竇炎需要吃抗生素。」就要結束診療，問她需要吃幾天？她才回答：「那就加自費開六天給你，如果不舒服再來。」回家後趕快詢問Google大神，發覺不同網站解答各異，有的說需要二個星期的抗生素療程，有的說要三個星期。

滿腹狐疑，六天後趕快掛暖醫的診。暖醫檢測鼻腔時，會溫柔的說：「抱歉儀器有點冰冷……很好喔，發炎情況有控制住，但建議再進行一次三天的抗生素療程來斷根。另外可以答應我嗎？記得要天天洗鼻子，這很有幫助喔。」離去時，暖醫還會右手握拳，元氣滿滿的說：「沒問題的，我們一起努力治好它！」看著暖醫散發「溫度」的雙眸，當下覺得病已好了一半。

少了溫度，就少了一味

「溫度」應該是所有名店最需要的魔法吧！

住家附近有家漾著鵝黃光暈的快餐店，身兼大廚的老闆常會踱到各桌，像家人般噓寒問暖。這家店雖然離家半里路，但十幾年來，家人每星期總要光顧一次。「走，去看老闆！」也成了我們光顧這家店前的密碼。然而三個月前，老闆想休息了，他將這家生意興隆的老店頂讓給助手。之後，我們又造訪幾次，發覺來客量越來越少，最後連我們也停止光顧。「少了老闆的溫度，」女兒有感而發：「這家店的菜，就是少了一味。」

「溫度」應該也是每個人都需要擁有的魔法。

初任公校教師時，我覺得很自卑，因為科裡的老師大都國立大學畢業，只有二位來自私大，我是其中之一。有一天一位愛心媽媽跟我說，很高興她的孩子可以被我教到。

「學校的老師都比我強多了，」我仍未擺脫內心深處的自卑：「我只是私立大學畢業的。」

「老師，你不一樣，你身上有比學歷更可貴的東西，」愛心媽媽很誠摯的說：「你有溫度，這能讓你成為名師。」

聽到「溫度」兩個字，我整個人也溫暖了起來。是啊，我不能選擇自己的出身、長相或聰明才智，但我可以選擇當一個有溫度的人。就像上星期太太告訴我，那位暖醫畢業的醫學院，在大學的排名遠遠落後其他醫師的母校，但沒關係，因為願意選擇對他人釋放溫度，他就是大家公認的名醫。

「溫度」不假外求，只要你抬頭微笑，注視他人的需求，你就可以變成有溫度的人。若你願意保持「恆溫」，日積月累，就會變成真正的，名牌！

#幽默力

幽默的力量

幽默不等於好笑，幽默是來自於同理與自信。

「唉唷！」小蕙驚叫一聲。

全班男生歡樂的鼓噪。尤其是坐在小蕙後面，趁她坐下時拉開椅子的阿明。「她跌倒的姿勢好滑稽！」小明再補上一刀。

坐在小蕙鄰座的我，覺得這一點都不滑稽，只覺得小蕙很可憐，但我不敢扶她起來，因為大多數男生都習慣取笑她，經過她身邊時，還會掩起鼻子說：「怎麼那麼臭！」最後恍惚間，我似乎都能聞到那股臭味。

那已是小學時的記憶，要等到很多年之後，我才知道，小蕙不臭，她會成為被捉弄的對象，是因為她考全班最後一名，而且她皮膚黑，還因為家貧繳不起班費，被認為是「害群之馬」。

根據心理學家的說法，青少年因為大腦前額葉尚未發展完成，所以比較缺乏同理心。小學時只覺得，班上有個人可以「習慣」被捉弄，成為全班「笑聲」的來源，也不是壞事。沒想到有一天，我才發覺那並不好笑。

高中時，班上有一群同學會輪流找不同的對象捉弄，有時會圍著一個女性化的男同學大笑，等到那位同學驚聲尖叫時，大家滿意了，才會縮手。之後帶給他們歡樂的火苗燒向我，他們常會叫我到廁所後面，幾十個人圍著我，一樣大叫大笑，然後由一個人毆打我的腹部。「如果你敢報告老師或教官，你會更慘。」因為缺乏自信，我也習慣了，因為我似乎「符合」各種條件：我成績不好、皮膚黑、又有青蛙肢（臀肌纖維化症）。但回到宿舍，會升起很多不好的念頭，例如傷害自己，或是傷害別人。

升上大學後，我一樣成績不好，而且因家中經濟突然發生問題，大一時，我竟然只有一件外套禦寒。那個冬天過後，終於可以洗外套了，我湊到鼻子聞一聞，似乎有個味道，記憶中小蕙的味道。

大學畢業後，在台北一直找不到像樣的工作，只好回到中部老家。那天看見一個美麗白皙的婦人推著嬰兒車，在街上悠閒逛街，我一眼看出，那是小蕙，但我卻很羞愧，不敢跟她打招呼，因為我當年沒有勇氣扶起她，就像高中時，我一再質疑，為何一個主動扶起我的同學都沒有。

幽默是自信，是懂得自嘲來化解尷尬

這幾年出了書，成為很多人認識的對象，我竟然有了能力，可以不慍不火，將當年的不堪細說從頭。我可以說：「感謝青蛙肢，我打籃球時跳得比較高。」當他人讚美我的寫作書時，我也可以從容的說：「天才不需寫作法，因為我不是天才，所以需要研究方法，才寫得出這些書。」當老師後，遇到童年多舛的學生，我會半開玩笑說：「大文豪海明威說，作家最好的禮物，是悲慘的童年。恭喜你，你和我都擁有這些禮物了。」

現在，越來越多人會用「幽默」兩個字來讚美我，我才慢慢理解，原來幽默不等於好笑，**幽默是來自於同理與自信。因為同理，不會傷害對方來獲取歡樂；因為自信，懂得自嘲來化解尷尬。**

我們常稱讚馬克．吐溫（Mark Twain）與溫斯頓．邱吉爾（Winston Churchill）是幽默大師，卻忘了前者是色盲，十一歲時父親就死於肺炎，而邱吉爾更是一生為憂鬱症所苦。所以他們力爭上游，慢慢獲得自信後，才有能力用幽默來回應人生的難題。

或許我們一生行路，都會有走不下去的時刻，這時別忘了找回自信，才能擁有幽默的力量，再度微笑面對人生。

#衝突力

你的BQ有多高？

在自我中心的後現代，每個人的一生注定會橫逆不斷，衝突莫名。若我們能調合體內的「衝突力」，體內真氣將盡歸己有。

「好，既然沒人要讓步，我永久退出社團。」B說完話，頭也不回，大步離開，留下一臉錯愕的學弟妹，和心碎一地的我。

B是我指導模擬聯合國社團十年來，能量最強的學生，他協助我辦理兩次超過三百名代表的跨校會議，甚至受邀到他校協助成立社團。然而，經驗告訴我，**這世上沒有完人，一個人的正能量和負能量往往成正比**，我在等待他的負能量爆發。

三年過去了，我們一直相安無事，我也認為是我多慮了。但在B畢業前夕，我們之間爆發了我教學二十多年來最大的師生衝突。

我帶B的模式是充分授權，讓他參與決策，甚至挑戰我的想法。我把他當大人，當同事，以符合這個社團「培養未來領袖」的目標。然而，當社團發展成一個跨校輪辦的組織，各校的文化都會進來。

問題來了，當B用「同事」的心態挑戰他校老師時，他們會認為這個「打破師生藩籬」的「異類」態度有問題。

B終於與他校老師產生衝突，最後跳過我，直接找校長，要用自己這幾年累積的人脈，在年底自辦會議，「打敗」同時舉辦的「官方」會議。我無法容忍校際和諧被破壞，反對B的提議，終於，師生必須攤牌，兩個相差三十歲的男人，像西部大街上準備決鬥的槍手，沒有一方倒地不行。

衝突真的一無是處嗎？

B的離去讓我心痛不已，開始自醒，自己算得上是成功的老師嗎？我也開始回憶這半生的種種衝突。

是的，我是一個充滿衝突的人：高中階段帶刀上學，大學時代嗆老師，戀愛史就是一部爭吵史，在職場上也常以下犯上，當老師時更習慣用威權橫行霸道。

自覺過去是一隻不走直路、只會橫行的巨蟹，擅用堅硬的外殼保護自己，喜歡舞動兩隻大螯製造衝突。然而，衝突真的是那麼一無是處嗎？

社會學中有源於馬克思主義的「衝突理論」，指的是不平等階級造成的群體衝突，因為這些衝突，帶來革命、政治變遷和社會變遷。**衝突理論強調，社會群體間的衝突，是造成社會變遷的主要動力。**那麼，個人間的衝突是否一定會帶來革命？我們生活的日常是否也需要一套衝突理論？

成長經驗中，因為衝突帶給我太大的痛苦，逼得我不得不建構一套自己的衝突理論。我發覺，在衝突中，一方「突然」產生的「衝擊」，會逼得雙方必須馬上清楚表達觀點，這將「突顯」組織危機，迫使組織「突變」，快速解決危機，最後，組織變得更加「突出」。

然而**衝突載舟覆舟，端看雙方如何「製造衝突」、「處理衝突」與「從衝突中學習」**。是的，我們必須在衝突中學習。

允許我先說一個禪宗的小故事：廟裡有A、B、C三個小和尚，A、B衝突後，A去找住持，要住持評理。住持對A說：「你是對的。」於是A得意洋洋對B說：「住持說我是對的。」氣不過的B於是去找住持評理，住持對B說：「你是對的。」

住持身旁的C看在眼裡，忍不住問住持：「你怎麼可以說兩人都是對的呢？」

這時住持笑嘻嘻的對C說：「你是對的。」

故事看到這裡，你一定覺得住持是個鄉愿的爛好人，但真實的故事結尾是，C從此得道，因為他頓悟了：**每個人都以自己的角度看世界，因此都認為自己是對的**。

的確，全世界的衝突點就在於「每一個人都認為自己是對的」，因此如果我們無法學會站在對方立場思考，如果我們一直堅持「my way or no way」，那麼將永遠無法與衝突的對象攜手走到明天。

快快聽，慢慢說，慢慢的動怒

我們是否可以學習在兩力頑抗時，如聖經所言：「要快快的聽，慢慢的說，慢慢的動怒」？這有點像在打太極，以退為進，**先「快快的聽」，卸下對方的能量，再「慢慢的說，慢慢的動怒」，清楚表達立場。**這時力道雖大，但過程柔順，就能避免不可逆的傷害。這是現代人必修的「衝突力」。

想跟B說的是，這世上有能力的人太多了，但真正能成功的只有少數，關鍵在於是否具備有處理衝突的BQ。衝突力是一種智慧，重點不在戰鬥（battle），而是在容忍（bear）後，平心靜氣（balance）去尋求雙方（both）最大的利益（benefit），最後，忍辱負重者，像甘地、像證嚴，一定會活出更好（better）的自己，營造更好的世界。

自覺過了不惑之年後，生命進入較平穩順暢的階段，原因是有了面對衝突的智慧。就像圖書館的組長會說：「我們主任現在脾氣變好了，不像以前那麼會罵人。」我真的再也不願用衝突解決問題了。每天，我和組長相處的時間比老婆還多，她就像我的親人，默默支持我，一起完成一件又一件的人生夢想。

婚後，我也不願複製年輕時的愚誒，在衝突中過日子，我開始學會自省，不再口出惡言，結婚二十九年，竟沒有爭吵過。

但這不表示我的人生可以遠離衝突，面對大是大非之事需要堅持時，我仍必須靠衝突快速解決燃眉之急，但總要在衝突後低聲下氣「修補衝突」。就像我會在B離去後，很噁心的留言給他：「你知道情侶吵架喊分手，都不是真正的分手。你該知道，你跟這個學校，跟學弟妹，跟我，是不會斷的。人生是一條長江大河，匯流後，就分不開了。你以後會懂，跟你衝突最多的人，可能也是跟你最親的人。」

是啊，不論是身旁或是島嶼上與你共同俯仰行臥的人，都是最親的人。所以下次衝突，當高舉雙螯時，如果記得巨蟹硬殼裡是柔軟的血肉，你升起不忍之心，便擁有了管理衝突的能力。

就像我傳完示弱的訊息後，B隔天走進圖書館，兩人一對眼，就張開雙手，來個大擁抱，坐下來，放下堅持，快速解決了社團的危機。

在自我中心的後現代，每個人的一生注定會橫逆不斷，衝突莫名。我們會像《笑傲江湖》中的令狐沖一樣身受重傷，也可能在桃谷六仙的胡亂治療之際，被六道真氣搞得氣亂瀕死。但若我們能調合體內的衝突力，就像習得了任我行的吸星大法，體內真氣將盡歸己有。

擁有衝突力，你便可以在每次「相鬥」之後，做正向的「突變」，然後，慢慢的，慢慢的，長成更好的人！

#邀訪力一

讓受訪者，第一眼就接受你的FACE

若要邀訪到理想的業師，必須善用彈性、態度、連結，還有熱情的「FACE法則」。

許多學生對未來的學涯充滿困惑，因此在高二的專題課，我會要求學生去訪問業師，以了解未來學習的細節與邏輯。然而對於忙碌的職人，要如何讓他們感受到學生的禮貌，甚至最後樂意受邀，其實需要許多的細節。

從二十三年前開始指導校刊社，與學生一起邀請了超過五百位受訪者，加上自己近年來不斷收到學生的邀請，累積了不少經驗。以下是邀訪時，需要注意的「FACE法則」四個重點：彈性（flexibility）、態度（attitude）、連結（connection）、熱情（enthusiasm）。

邀約內容有彈性

上個月收到一所第一志願高中學生的邀約：「你好，我們是XX高中的學生，我們的英文老師希望我們進行英文訪問，您是我們想訪問的人。以下是我們擬定的十個英文題目，以及可訪問的時間，須用英文回答，請問什麼時候可以接受訪問？」

如果在不忙的時期，我應該樂於幫助學生，接受這有挑戰性的邀訪。然而三、四月正值出書趕稿期，盤點時間，從準備到受訪，至少需要三個小時，只好婉拒。

事實上，如果所花時間在一小時內，我應該都能接受邀請。然而邀約內容並未提供彈性選項，因此我也只能二選一，選擇拒絕。

在指導校刊學生邀訪時，我會請他們設計「最大的彈性」，例如：「我們可以面訪、電訪或是書面訪。採訪的時間及方式以您的方便為原則。」

高二的專題課，有五個想念法律系的學生。我要求他們和從事法律相關的業師對話，以便對未來的學習構築堅實的學習鷹架，因此我請他們寄出充滿彈性的約訪信：「可面訪、電訪或是書面訪。電訪時間二十至五十分鐘均可，以您的方便為原則。如果是星期一到星期五上課期間，我們可以請假，一起開擴音訪問；如果是晚間時段，亦可約定時間電訪。」

因為時間安排充滿彈性，完全「站在對方的立場」思考，因此成功機率極大。

不本位主義，讓對方感受到你的態度

公益平台文化基金會董事長嚴長壽提過，曾有一名美國史丹福大學的教授來台參訪，後來寫信問他，為何台灣的研究生、大學生言行舉止像十五歲的孩子？嚴長壽說：「台灣的教育以考試論斷結果，沒教他們如何做人處事，使得多數人的學歷拉高，卻不懂得怎麼做人、關懷別人，因為這些考試不會考。」我也覺得心有戚戚焉。

許多邀訪信非常「本位主義」，只從自己的「立場」出發，讓受邀者覺得邀請者「態度不佳」。例如，我曾收到如此的邀約：「我們是XX醫學院醫學系的學生，每年都會舉辦醫學營，想邀請你在X月X日X時，至台北市XX區XX咖啡，我們有X位同學可以和你一起對話。」

這封信不僅缺乏溫度與彈性，而且充滿「資優生」的傲慢，連交通費、講師費的細節都完全省略，讓人感覺到，南北奔波幾百里是小事，邀請你，是看得起你，你自費來見未來的醫生，是你的榮幸。

收到這樣的邀約，除了馬上回絕外，也非常擔心，這些靠考試、靠踩在「凡人」頭頂往上爬的人生勝利組，習慣把他人當工具，缺乏同理心。所以當他人無法滿足自己的需要時，連最基本的禮貌都可以免去。就像那所第一志願的學生，在我拒絕受邀後，就杳無音訊。

事實上，遭拒絕後，邀請方還有兩個選項，第一是充滿誠意的第二次邀約，詢問如何配合調整，可以玉成邀訪美事。就像我目前幾乎拒絕一切演講邀約，然而對於態度佳、不放棄的第二次邀約，常常會心軟答應。

至於第二個選項，是回信感謝對方撥冗回覆，並表示期待日後合作機會。當受邀方感受到這樣「有教養」的態度，不僅會留下好印象，而且日後山水有相逢，再次收到對方邀請時，往往會不好意思拒絕。

態度不僅決定高度，而且會帶來溫度，以及人間情誼的長度。

利用六度分隔理論取得連結

大部分的知名業師都異常忙碌，因此對於學生的邀約信大多直接拒絕。然而，如果能找到與受邀方的連結，則往往可以水到渠成。

一九六七年，哈佛大學的心理學教授史丹利・米爾格蘭（Stanley Milgram）提出六度分隔理論（Six Degrees of Separation）。他做過一次連鎖信實驗，證明平均只需要六次傳遞，就可以聯繫任何兩個互不相識的人。此外，米爾格蘭還發現了漏斗效應，**他發現大部分的傳遞，都是由那些極少數的明星人物完成的，也就是說，人脈越廣的人，越能連結到他人。**

學生的人脈受限於自己的同溫層，因此如果能透過校友會或是師長的介紹，很容易就能連結到受邀方。例如此次專題課程，透過校友會的臉書，便成功邀請到法官、檢察官、律師等業師受訪。

事實上，多年後，六度分隔理論已經過多次重新定義。例如二〇一六年臉書曾研究，如果你上臉書，臉書上的一五．九億人中間，僅隔著三．五七個朋友而已。

如果透過社群媒體仍無法鏈結到邀請方，也可以請學校的老師幫忙。例如理科老師容易連結到高科技業的職人；公民科老師一定有許多同學在法律界及財經界就職；文科的老師也應該都有藝文界的人脈。

例如我是文科出生，人脈也集中於此，因此在過去兩年，因應專題課學生的需求，已為學生找到建築師、記者、銅雕藝術家、會計師、廣告文案、導演、電影攝影指導等業師，接受學生的專訪。

以熱導熱，讓受邀者感受到你的熱情

一位台東的高中生，看過我所有的書，而且寫出有深度的心得，他寫了一封邀請信給我：「老師，因為看過您的書，我順利申請到理想的大學，我好希望東部的孩子也能打破資訊落差，一起享有這份幸運。如果有榮幸邀請您來台東一趟，那該是一件多麼美好的事情。」因為這位學生做過功課，知道我的核心價值，加上他具備了造福他人的熱情，所以我爽快應邀。

有熱情的人，邀訪時，會將自己的需求與大眾的需求連結，製造自己成長與社會成長的相關。就像專題課的學生，看見社區老人因騎樓高低差受傷，製作「騎樓整平專題」。當他們向專家學者提出邀訪時，收到極佳的回響，連台北市建管處都表示，願意免費為他們上線上增能課程。

在這個冰冷的數位世界，每個人都有防衛心，不喜歡受到陌生的干擾。但我們若能以火傳火、以熱導熱，讓受邀者感受到熱情，讓他知道花時間在對方身上，「CP值」極高，不僅幫助一個學生完成作業，還能造福眾生，他一定會樂意受邀。

訪問業師，真的是最棒的學習歷程。

我雖然念完大學與研究所，但真正的職場競爭力卻都是從業師身上習得。例如在台北工作時，就是從訪問業師的過程中學會了貿易與廣告。十多年前，自學寫作無門，也是在跟著兩位寫作業師學習後，才走入寫作人生。這也是為何我在擔任教師後，積極鼓勵學生尋找業師訪問的原因。

然而我們須記得，若要邀訪到理想的業師，必須善用彈性、態度、連結，還有熱情等原則，讓業師在百忙中打開信件時，第一眼看見的，就是你那張有態度、有溫度的ＦＡＣＥ。

#邀訪力二

邀訪的進階素養

辦演講是學習的起點，也是人脈的節點。留心十二個重點，讓好講者受到該有的尊重，善美的知識將更容易發芽與抽長。

日前有位知名講者受邀至一所高中分享，因為學生不斷進出上廁所，甚至製造出極大音響，讓講者不堪其擾。最後為了喚醒「尊重」二字，決定忍痛中止演說。

我擔任行政職超過二十年，辦理超過三百場演講，新手期也常常「出包」，令受邀者感到不悅。這些年受邀分享超過五百場，漸漸理解，辦理一場成功的演講，真的有太多的細節與專業，如果能有一個標準作業程序（SOP）供大家遵循，不僅可厚實一〇八總綱中的「溝通互動」素養教學，亦可讓大家按圖索驥，避免踩到無謂的「地雷」。以下提出辦理演講需要注意的十二個重點，供大家參考：

一、先搞清楚，為什麼要辦這一場演講？

邀約時，千萬不要只說出「冷數據」。例如，我們是XX單位，想辦一場XX演講，請問你有沒有空。收到這樣的訊息，我第一時間都會回絕。

邀請方需要的武器是「熱兵器」，是邀請方的熱力大噴發。

一個演講者，尤其是一個忙碌的演講者，考量是否受邀的，除了時間、距離、報酬等因素之外，其實最重要的是邀請方的「動心起念」。例如，提到自己所處的是一個資訊落差嚴重的地區，亟需要這個演講者的分享，一起為下一代完成教育大夢。

如果邀請者表達的熱情與夢想，與講者的終極關懷一致，大部分的受邀方應該都不忍心說出「不」這個字。

二、演講是「演＋講」，會講不會演，兒童不宜

年輕孩子的專注期很短，超過二十分鐘的演說就會讓他們注意力渙散，因此必須為他們安排說唱俱佳的講者。如果是配合故事、音樂、戲劇、互動的分享，就更適合。

有些文學大師的分享較為靜態，適合小場的分眾，若請他們講全校大場，對聽講雙方都可能是種折磨。

三、提供鐘點車馬條件，是基本禮貌

朋友曾為一個萬人組織辦理演講，發出許多邀約，然而大多已讀不回，他非常的困惑。我看了他的邀約內容，終於知道原由。原來他只潦草幾筆：

我們是某某單位，想要邀請閣下辦理演講，煩請回訊討論細節。

說實在的，要一個受邀者跟你「討還阿堵物」（討價還價），實在有傷風雅。因此一開始就提供鐘點、車馬條件，是基本禮貌。若講者的旅行距離極遠，多安排二十至三十分鐘的訪談，可多支領一個鐘點的費用，也是一種貼心。

我曾受邀到新北市某科大分享，不僅鐘點極低，而且分享後才說明不提供車馬費。「因為我們學校大多邀請北部講者，習慣不編列此項。」結算自己的高鐵費、計程車費及停車費，與這次演講費相埒。默默接受這次「驚奇之旅」後，對於之後缺乏相關細節的邀約，只能敬謝不敏。

四、需要行前通知，兩次是基本

建議演講前一星期先做一次行前通知，演講前一天再提醒一次。絕對不可數月前談好後就無聲無息。早期我在辦理演講活動時，也曾經犯過同樣的錯誤，結果當天開天窗，全年級就座後，癡癡等不到講者，緊急去電，只得到一個答覆：「你沒有再聯繫，我以為你已經取消了。」

五、考量講者屬性，詢問是否需要發公文

許多講者有正職工作，需要公文方便請公假，貼心的邀請方會主動詢問，在活動十日前發出為宜，因為並非每個單位的主管，都會對同仁外出分享樂觀其成，提早發出公文，可方便講者折衝應變。

六、站在講者立場，思考交通與接送

如果講者搭乘大眾運輸工具，建議詢問是否需要接送。如果可以接送，建議尋找一個站內方便辨識的接送點，甚至做一份辨識的牌卡。

我曾經在抵達車站後，收到對方電話的「遙控」，指示走到站外的陌生路口。然而那車站是一個地下三層、地上四層的建築，總共有二十幾個出口，結果我不斷的迷路。

還有一次，對方的接送人員就站在一個人馬雜沓的接送點，沒有辨識的紙牌、未告知穿著特徵，也沒有來電聯絡，我只能像個推銷員，不斷詢問附近的陌生人：「請問你是來接我的人嗎？」

遇到這樣的「異鄉困境」，還沒開始演講，心已冷了一半。

如果講者坐計程車過來，建議到校門口等待，千萬不要讓對方在門口接受警衛的質問，進來後再不斷的問路與迷路。當然，為講者負擔計程車費，也是一種貼心。如果講者是自行開車過來，務必協助尋找車位。

總之，站在講者的立場，為其考量交通問題，是非常基本的禮貌。可惜的是，在這一塊大約只有三分之一的邀訪單位「做到基本」。

七、扮演講者與聽眾間的橋梁

如果演講是一場腦力交流的運動，那主辦人必須扮演雙向交流的橋梁，幫彼此「熱身」。主辦人必須將聽眾的客觀資料，例如人數、年齡、性別、學科屬性等整理給講者。若可能，也可先將講者的資料、分享主題，透過朝會、校內郵件或無聲廣播系統，先介紹給聽眾認識。甚至可以跟課程合作，請聽眾先閱讀講者的書籍、文章。

讓聽講雙方彼此都有先備知識，交流的過程一定可以更加熱絡，分享後的QA時間，也會有更多火花。

通常QA的前幾分鐘會讓場子冷掉，因為華人往往「不敢為天下先」。這時，如果主辦人先安排一些「暗樁」提問，則可以避免尷尬時刻。有時候安排的暗樁怯場，主辦人就必須跳出來，依聽眾的需求提問。

八、場地與設備，各種超前部署

很多組織都有設備完善的電腦桌及投影設備，這時主辦方只要確定麥克風是否充飽電、是否有備用麥克風、備用電池數量是否完備即可。

如果沒有電腦桌，使用筆電，最好事先請講者提供PPT測試，看看版本是否可開啟。如果有影片播出，也一定要測試播出軟體。若主辦單位網路訊號不穩定，最好先將播放影片下載在桌面或USB中。

有的演講者使用ios系統的電腦，就要準備轉接頭。如果主辦者本身對數位產品不熟，最好現場要有一位資訊能力較強的同仁待命，隨時協助狀況排除。免得在一場分享中，聽眾有一半時間必須看主辦單位像無頭蒼蠅似的忙上忙下。

二〇二一年我曾到一所高中分享，他們的電腦桌故障，只好借用學務處的移動式廣播系統，但演講到一半，麥克風又故障，校內也無人可以排除問題，最後兩個小時，自己只好用「喉嚨原音」撐完全場。場地不小，事後的身體災情可想而知。

另外溫熱茶水的準備，也是必要的貼心。好幾次自己講完一小時後，必須停下來，口乾舌燥的說：「請問可以幫我準備一杯水嗎？」

九、時間是朋友也是敵人

如果一場演講超過二個小時，就要考慮是否安排中場休息時間。如果聽眾年紀太小，自律能力差，最好安排中場休息時間，讓他們上廁所。否則聽眾中途進出頻繁，會對講者造成嚴重干擾。

我曾受邀至一所國立科大分享，邀約者「心很大」，兩個小時的分享時間，竟然有三種聽眾組合，有的中途進場，有的中途離場。當分享八十分鐘後，眼前兩個班級同時起身離場，我終於忍不住心中的怒火：「對不起，一場演講有起承轉合，我剛鋪陳完，正要做重要的總結，現在人數去了一大半，我實在講不下去了。今天就分享到此，演講費我會全額歸還。」留下現場錯愕的聽眾。

我離場後，一位學生追出來：「老師，對不起，我還想要聽。」我就站在車旁，對他一人講完剩下的部分，但當下心中是不斷的獨白：「好後悔，好後悔接這場邀約。」

十、教師研習，各種地雷引爆點

常常在教師研習時，全校老師都會自動向後退成一個ㄇ字型，也就是離講者越遠越好，這時候講者還沒開口，就已經接收到聽講隊型的訊息——我們真的沒興趣。

或許這些老師很無辜，因為他們已經被迫聽了太多含金量太低的分享，但如果今天來了一位有料又有心的講者，他心中一定是滿滿的委屈。

曾經到一所國立高職的科研習分享，結果到場聽眾不到十人，只有三位是正職老師，其他就請代課老師來充場面。分享時，大家各自滑手機、聊天，而且有兩位中途離場，只有邀請者一臉專注傾聽。

因為陰影仍在，現在我非常害怕接教師研習的場子，如果盛情難卻，到了現場，又見到ㄇ字型陣仗迎賓，我常會不識時務的說出讓大家尷尬的話：「這是一個國家傳承教養的場域，如果我們為人師表都無法以身作則，尊重知識的分享，學生要如何以我們為榜樣？所以麻煩各位師長一分鐘內移動到前排，不然，我會馬上離開喔。」

十一、當天的照片回饋，當天回傳

講者在舞台上不方便自己拍照，主辦人可以協助側拍，並將聽眾的正向回饋在當日回傳給講者。這樣，講者不僅會感受到貼心與尊重，而且也有了材料可以在社群媒體上分享。對主辦單位而言，也是一種口碑行銷。

十二、辦理演講是學習的起點，也是人脈的節點

我在大學時不喜歡上課，卻著迷於學校辦理的演講，這些碩學鴻儒難得蒞臨校園，帶來新視界，開啟了自己知識的好奇與學習的熱情。因此，進入職場後，我也盡量爭取辦理演講的工作。

這項工作不啻是一份「特權」，讓我認識到各行各業的精英。就像我本來早已斷了寫作大夢，但因為邀請到教散文的石德華老師、教新詩的嚴忠政老師，最後不僅得以入廟堂之內、觀百官之富，開啟了第二人生，還與他們成為莫逆之交。

因此現在帶社團時，會教授同學邀訪的SOP，從一封得體的邀訪信開始，到如何運用創造機會（create opportunity）、主動連結（connect actively）、勇於挑戰（challenge bravely）、維持連結（continue contact）的

四個C，將邀約的「弱連結」轉化為一生人脈的「強連結」。這些，在在都是素養。

公益平臺文化基金會董事長嚴長壽先生曾批評，台灣學校給講師的鐘點費用太低。其實，許多受到肯定的講者，願意拿不合業界標準的酬勞，忍受舟車勞頓，風塵僕僕趕到一個陌生的場域，掏心掏肺的分享，晚上再拚命的爆肝補班。他們的起心動念，就是想要傳達善美的知識與價值。當然，「尊重」絕對是不可忽略的價值之一。

期待因為這篇文章，好的講者都可以受到該有的尊重，台灣辦演講的文化，也可以因此更精緻貼心。在這樣的文化中，善美的知識也更容易發芽與抽長。

3

社會參與

＃共好力

伊姆村的偉大示範

高貴的生物本能，是未來人類可以度過共同危機的一線曙光。

人類的本能是自私的嗎？諾貝爾文學獎得主、英國小說家威廉・高汀（William Golding），在他所著的《蒼蠅王》（*Lord of the Flies*）中提出這個大哉問。這部小說講述了一群被困在荒島上的兒童，在完全沒有成人的引導下，如何建立起一個脆弱的文明體系，最終由於人性的自私，導致彼此的自相殘殺。

日後同樣在商業上大獲成功的作品《大逃殺》和《饑餓遊戲》，亦是這般「殺很大」的類似作品。人類喜歡這樣的故事，是不是代表自私是人類的劣根性？這是一個亙古難解的提問。在探討前，我們可以看看地球上的其他物種，是如何靠「共好」的本能活下來。

美國加州北部的紅杉林，面對自然的強風及大火，它們打破一般植物的生長模式，將彼此的淺根緊密交纏相連，一株株在地底下手牽著手，最後長成地球上最高大的森林。如今，成熟的紅杉樹可高達一百公尺，樹齡甚至可達三千年。科學家說，以它們原本根部的深度而言，不可能長這麼高，但因為根部相連，可以千年屹立不倒。

為了團體的永續長存，除了團結彼此，有些生物甚至願意犧牲小我。

例如螞蟻遇到大洪水時，會緊緊抱在一起，形成一個「蟻球」，大的蟻球甚至和籃球一樣大。洪水勢如破竹，一隻小螞蟻勢單力薄，只能滅頂死亡，然而蟻球隨波逐流時，雖然有些外層的螞蟻會溺斃，卻可保護內部的蟻群不致滅頂。當蟻球順利靠岸時，蟻群便能得救。

遇到大火時，有些螞蟻也會抱成蟻球求生。儘管蟻球會被燃成火球，但靠著球體快速的滾動，蟻群可以更快抵達安全的地方。雖然外層的螞蟻都在猛烈的大火中犧牲了，但更多的螞蟻卻得以延續生命。

在十七世紀，位於英國曼徹斯特東南邊約五十六公里的伊姆村，也為人類示範了一次同樣偉大的情操。

十三世紀至十七世紀之間，又稱為鼠疫的黑死病在歐洲不斷爆發，總共奪走了一．五億人的生命。單單一六六四年至一六六六年之間，它就奪走倫敦四分之一人口的生命。

一六六七年時，位於英格蘭西北區的伊姆村民，發覺黑死病已在村裡蔓延。他們擔心疫情會擴展到北部，決定在村外疊起一圈石牆，並相約立誓，絕不會越牆離開。最後，三百四十四位村民中，有二百六十七人死亡。如今，人們在當地成立了伊姆博物館，紀念這群勇敢的先人，也提醒後人，因為有他們的「共好」精神，更多英格蘭北部的人們才得以存活下來。

許多歷史學家對人類是否能實現「共好」的理想，存有極大的懷疑。因為人類從智人演化到後來，發展出強大的殺傷力，不僅消滅其他物種，也開始破壞地球的環境。甚至，智人開始細分彼此，大規模消滅「不一樣」的同類。例如二千多年前的中國戰國時期，秦趙兩國相爭，單單長平之戰，就造成六十多萬名士兵死亡。到了二十世紀的納粹德國，對猶太人進行種族滅絕行動，最後屠殺了六百萬猶太人。

共好，是人類唯一的未來

前遊騎兵、傘兵，曾任西點軍校心理學教授的戴夫．葛司曼（Dave Grossman）寫下《論殺戮：什麼是殺人行為的本質？》（*On Killing*）一書，試圖研究人類的殺戮行為。他發現，在美國南北戰爭期間，戰場上發現九〇%的槍枝未擊發；第一次世界大戰期間，有多數士兵只朝天空開槍；而第二次世界大戰時，美軍步兵朝敵人射擊的比例僅一五%。他訪問許多戰場歸來的士兵，發覺大多數的人，比起自己死亡，更害怕殺害同物種的人類。所以，他從這些事實推斷，假設人類有抗拒殺戮的本能，而人類歷史上大部分戰爭都是由少數人所挑起，可以說，人類的本性是趨於合作共好的。

一〇八課綱以自發、互動、共好為核心精神，希望能培養孩子成為未來的世界公民。事實上，中文「共好」兩個字已進入英文，成為單字gung-ho。一九四三年，有一部美國戰爭電影就叫《Gung Ho》，故事是講美國海軍陸戰隊學習華人，組建一個「合作無間」的單位。

生物的本能或許是自私的，但面對團體的危難時，生物常願意犧牲小我、完成大我。而這種精神，又是根植於華人的文化當中。

面對新冠疫情、全球氣候危機，以及烏俄戰爭，實踐華人文化的共好精神，是人類未來可以度過共同危機的唯一曙光。

#同理力

練習同理心，強化領導力

哈佛大學針對一萬名青少年進行關懷調查，結果發覺，孩子要獲得快樂與成功，真正需要的，就是同理心。

「你確定要讓參加面試的五十位同學同一時間報到？」

「老師，因為面試時間長短不一，我覺得這樣比較方便。」

「可是若你不站在他人的立場思考，你的方便卻可能造成別人的不便。

例如國際班整個下午有一半學生不在，學生受教權會受損，老師也很難上進度。」我想起以前因為面試干擾教學，最後導致部分同仁長期反對模擬聯合國社。「記得，要有同理心，要站在其他同學跟老師的立場換位思考，你才能成為一個好的領導者。」

每學年伊始，都要辦理模擬聯合國代表的甄選，今年已經是第十四年了。身為指導老師，以往我都會親自安排面試順序表給學生執行，也因為身為面試官，知道如何把握時間，所以我能做到讓一位學生從離開教室、報到、參加面試，到回到教室，在十分鐘內完成。

這幾年為了多給學生「做中學」的機會，我將面試排序工作交給高二幹部負責，而面試官的任務則轉交給高三的卸任幹部。期待這樣賦能（empowerment）過程，能增進學生的領導能力。

如同發展心理學的近側發展區理論（zone of proximal development，ZPD）或是鷹架理論（scaffolding instruction），我必須在學生學習一項新的概念或技能時，透過提供足夠的支援，來提升學生的認知。

在十年前，我這個鷹架很快就可以撤掉，然而在一次次教改後，學生的溝通能力卻相形退化。我負責帶的五個社團，明明有社長，最後社團常陷入群龍無首的困境。所以我這個不美觀的鷹架，老是拆不掉，常常必須留在學生近側絮絮叨叨。

同理心可以教嗎？

這幾年遇到缺乏同理心的學生時，會讓我感到很挫折，然而大量閱讀後，才知道青春期的孩子缺乏同理心，可能是生理的內分泌造成的。荷蘭烏特勒支大學（Utrecht University）青少年發展研究中心的研究顯示，青春期男孩在十三到十六歲之間，情感同理心會暫時減弱。另外，倫敦大學學院（University College London）認知神經學教授莎拉-潔恩·布萊克莫爾（Sarah-Jayne Blakemore）也表示：「青少年的大腦要費很大功夫來換位思考，他們理解他人的觀點，需要更多有意識的努力，而成年人則無須刻意努力。」

加州大學柏克萊分校的羅納德·達爾（Ronald Dahl）教授，在二〇一二年的一篇研究顯示，同理心完全形成於兒童時期。那是不是過了兒童期，一個人的同理心就再也無法改變了呢？在回答這個問題前，我想先分享自己的兒時經驗。

小時候家境優渥，念小三時，有一次看到家裡傭人的小孩穿著我最喜歡的毛衣，當下我竟然非常憤怒的跑過去，明知自己已穿不下那件衣服，仍然對他大聲斥責：「快把衣服脫下來，那件衣服是我的。」

那時，我對「貧窮」跟「弱勢」兩個字是無感的。直到高中畢業時，因為父親破產，家中突然一貧如洗，我必須在上成功嶺前的六個星期，到沖床工廠當小工，才知道金錢取得不易。大一時又曾因阮囊羞澀，餓過幾次肚子，才嘗到貧窮的真實滋味。這樣的「真實體驗」讓我知道，面對貧窮，救急如救火，也成為我日後在學校成立教育儲蓄戶、推動聖食計畫等一連串慈善活動的契機。

所以我認為，**對青少年「教」同理心，真的成效有限；而最好的方法，就是帶他們去做各種「體驗」。**

四種體驗法，學會同理與領導

一、設計真實情境，融入課程

同理心的體驗課程長短不一，可以短到請學生在桌子底下躲三分鐘，等到他們腰痠背痛時，再告訴他們，這就是敘利亞難民在船上唯有的空間。也可以參加類似「飢餓三十」的活動，讓飢餓的五感內化為同理。還可以帶學生去農村長期蹲點，當他們雙腳立在寒冷徹骨的稻田時，會更珍惜日後的一米一食，也學到對各行各業的尊重。

二、角色扮演，換位思考

例如讓同學扮演霸凌者與被霸凌者，體會受害者心理的種種不堪。

三、寫企劃書，引導思考

一項活動的辦理，最重要的就是「面面俱到」，因此寫企劃書可以訓練自己為所有牽涉其中的人們思考。

我身為家中老么，在習慣被領導的環境中長大，因此一直不認為自己可以成為好的領導者，也始終不敢擔任行政。直到三十四歲第一次擔任行政職務，寫的第一份企劃書到處碰釘子，才知道自己沒有站在其他處室與學生的立場思考。

四、給學生擔任幹部的機會

十八年前，我為學校設計了一份全人學習歷程檔案，叫做HIME，至今已成為學校的創意校訓。其中的M代表道德（morality），學生必須擔任過服務性質的志工，才能取得點數；E代表情緒商數（emotion），學生必須擔任過班級或社團的幹部，才能取得點數畢業。目的就是希望學生承擔責任與壓力，並在壓力中學習站在校方與被服務者的立場思考，甚至學會勇敢提案、向上領導。然而，很多幹部在學校並沒有得到足夠的陪伴與引導，許多學生都在犯錯後，老師才予以指責。

其實，**學生擔任幹部沒有不犯錯的。師長必須在執行任務前，陪學生做**

好事前沙盤推演，執行後一同檢討，學生才可能從中得到學習。

下一代的領導者，同理心是關鍵

美國福特汽車公司的創辦人亨利．福特（Henry Ford）說：「如果你想擁有一個永遠成功的祕訣，那麼，這個祕訣就肯定是如何站在對方的立場上考慮問題。」全美教育工作者獎章得主蜜雪兒．玻芭（Michele Borba）博士也表示：「**同理心的缺乏，是全世界青少年共有的問題。**」

當師長教育的重心只擺在成績與升學，然後一昧的認為一〇八教改的「自發、互動、共好」只不過是口號時，那我們的下一代，將越來越缺乏同理心。一〇八年國中會考作文考題「青銀共居」，創下有史以來平均分數最低的紀錄（僅〇．六一%滿級分）。問學生為何不會寫時，得到的答覆大同小異：「每天不是上學就是補習，我怎麼知道銀髮族的需要？」

在青年貧窮化現象普遍存在的今日，如果他們願意同理各種弱勢與需求，甚至站在銀髮族的立場思考，不僅可以更貼近世界的脈動，領導國家面對高齡化的挑戰，甚至可以承接未來龐大的銀髮商機。

在教學現場，利用體驗、融入教學，強化青少年的同理心，不僅可以訓練他們成為未來的領導人，最重要的是，他們會成為更善良的人。

如同玻芭在《我們都錯了！同理心才是孩子成功的關鍵》（*UnSelfie*）一書中提到：「哈佛大學針對一萬名青少年進行關懷調查，發覺**孩子要獲得快樂與成功，他們真正需要的，就是同理心。**」而引導孩子邁向快樂與成功，不正是教育最大的目的嗎？

#法規力

法外開恩不是恩，手下留情沒有情

台灣師長喜歡對學生「法外開恩」，學生出社會後才發覺，社會從不「手下留情」。

「糟糕！報不上去，老師可以幫我跟主辦單位講一聲，請他們通融一下嗎？」學生建安（化名）為參加一項全國性的比賽已準備半年，但他在截稿前十分鐘才準備上傳，想不到填寫表格後，還是遲了一分鐘，功虧一簣，來不及報名。

我很想幫他，也真的打電話到主辦單位，想不到得到這樣的回應：「對不起，辦法有寫，截止了，就是截止了。」

「辦法是死的，你們不能法外開恩嗎？」

「對不起，這樣子會把學生慣壞，學生將一輩子都沒辦法跟國際接軌。」

主辦人的最後一句話點醒了我。是啊！台灣的師長就是太有彈性，才害了學生「永遠學不會」。

就像我每次跟學生說，作業下星期交，遲交不收。但學生遲交時，我還是會一時心軟，收了下來，因此學生知道，老師講的「法」是有彈性的。所以就算我言者諄諄，要學生提早報名，學生還是聽者藐藐，總在壓線邊緣才繳，我也因此常常大發雷霆。

學會為自己的生命負責

記得以前帶學生去德州高中姐妹校參訪時，發覺下課時每個學生都在走廊快走，甚至是用跑的。因為學生只要遲到一秒鐘，就會被鎖在門外。

這所位於奧斯汀的高中校長告訴我：「學生晚到二十分鐘內算遲到，超過二十分鐘則算缺課。第一次遲到，學校會口頭警戒，第二次遲到，放學後就必須留校（detention）。遲到的次數多了，就會被停課（suspension）。這些處分也會記錄在學生檔案，對將來大學申請有很大的影響。」

聽校長講完，我終於了解，為什麼老師不用發脾氣，學生一樣服服貼貼的。因為「嚴格執法」，學生才能在得到教訓後，學會對自己負責。台灣的師長老是害怕下手太重，所以學生永遠無法學會「為自己的生命負責」。

這學期收到辦理小論文比賽的學校來文：「貴校同學參加一一一〇三一五梯次小論文比賽，作品被評為疑似抄襲，如附件。請查明無誤後，來信告知處理結果。」

我和圖書館組長一起查看，發現這篇論文寫得極好，只有一處引自網路，但是「忘了」註明出處，不僅無法得獎、被停權無法再參賽，而且可能受到校規懲處。

「已經三申五令，引用必須符合學術倫理，」組長很不捨：「但現在評審老師都有學術論文比對系統（Turnitin），很容易找出漏洞。現在來文了，我們想法外開恩都不行。」

這個學生上過我的專題課，學習態度良好，為了這個地理小論文已準備了一年，想不到對法令的疏忽，努力付諸流水，學習歷程也留下空白。

一位當流浪教師的學生小珍，她的經驗更加慘痛。「如果我沒有錯過那一封電子郵件，現在應該是留美的博士了。」

原來小珍收到獎學金通過的來信，高興到馬上安排兩個星期的環島旅遊，準備好好放空，不收任何訊息。想不到回家後打開電子郵件，就看見兩封信，一封是入學的確認信，一封是：「很遺憾，因為在時間內未收到確認回覆，因此獎學金資格已取消。」

小珍想盡一切辦法挽救，但校方只是輕描淡寫：「對不起，錄取通知上有說明，後續將以電子郵件聯絡，你錯過時間，我們愛莫能助。」

如果教育的目的是要幫助學生與世界接軌，我們都應該從小珍的例子學到教訓：法外開恩，不是恩；手下留情，沒有情。

#理智力

先處理心情，再處理事情

美國影星威爾史密斯價值一億美金的耳光，教會我們重要的一課。

在二〇二二年奧斯卡頒獎典禮上，好萊塢演員威爾・史密斯（Will Smith），受不了主持人克里斯・洛克（Chris Rock）對妻子的頭髮開玩笑，衝冠一怒為紅顏，在全世界電視觀眾前，對洛克揮了一巴掌。那石破天驚的一記耳光，不僅使得史密斯建立多年的正面形象霎時灰飛煙滅，同時也造成超過一億美金的損失，因為其自傳《WILL：威爾史密斯回憶錄》（*WILL*）的電影拍攝計畫被取消。除此之外，史密斯籌拍、計畫中的所有電影，全部遭到電影公司喊停。

暢銷名著《EQ》（*Emotional Intelligence*）作者丹尼爾・高曼（Daniel Goleman）曾提出「杏仁核劫持」（amygdala hijack）這個名詞，可以生動的傳達史密斯當時的心理狀態。

原來杏仁核是大腦負責情緒的中心，但杏仁核談不上理智。當我們的情緒突然被刺激時，會暴怒，甚至做出讓自己一輩子後悔莫及的事。所以科學家說，**人類若以為自己有自由意志，其實是假的，因為我們往往在杏仁核的憤怒化學物質大量分泌時（大約六秒鐘），理智完全斷線。**

因此，有位podcast的主持人曾感嘆，如果史密斯的位置是在後排，這樁憾事將不會發生，因為他從後排走到舞台的時間肯定超過六秒，足夠讓他恢復理智。

這是被「杏仁核劫持」的年代

我所居住的城市，常被媒體嘲笑擁有許多「棒球隊」，因為經常在路上只要發生一點小摩擦，就會有人拿出球棒在路上一決雌雄。

腦神經科學研究發現，**今日手機上快速的刺激反應，可讓快樂多巴胺激增，從而出現上癮行為。**例如臉書與IG（Instagram）的演算法，會讓發文出現在不同時間，讓人們每隔幾分鐘上去看，會看到按讚數隨時在變化。當大腦適應後，**就會想要重複這種感覺，如此循環，大腦前額葉功能就會逐漸退化。**

大腦前額葉是控制人類理智思考的中樞，一旦功能退化，就很容易將行為交給「杏仁核」控制。這也是為什麼數位產品普及之後，越來越多青少年有容易抓狂的現象。長期易怒的孩子長大後，受到一點小刺激，就忍不住會大動肝火。

不只青少年，成年人也越來越易怒。

例如我本身就有易怒特質。婚前曾因為交通事故，與他人肢體衝突，所以在婚後，我不斷提醒自己，與妻相處時，一有情緒，要深呼吸幾秒，先處理心情，再處理事情。這個好習慣，使我在近三十年的婚姻中，從未與妻子有任何激烈爭執。只是出了家庭，我還未能內化這個好習慣。

上個月受邀到一所高中分享時，要求參與者回教室拿紙筆，聽講時需做筆記。當我發現有位學生「疑似」未帶紙筆，也心不在焉時，我未靜下心詢問，馬上怒斥學生，趕他出去。事後該校師生大聲撻伐，認為我沒有擔任師長的修養。因此對於最近發生的「一中音樂課事件」，我完全能體會當時師生的心理狀態。不被「杏仁核劫持」，真的需要一輩子的修練。

一個人能否不被「杏仁核劫持」，不僅可以改變一個家庭，甚至能改變一個朝代。兩千年前的韓信，忍住六秒，忍辱從惡霸的胯下爬過，最後成為一代名將。而同代的項羽在垓下之圍時，因為六秒內腦中盡是「無顏見江東父老」之恥，自刎烏江，讓「江東子弟多才俊，捲土重來未可知」，成了詩人杜牧名詩〈題烏江亭〉的浩歎。

千年之後，我們得記取杜牧這首詩的前兩句：「勝敗兵家事不期，包羞忍恥是男兒。」是啊，憤怒時，深呼吸六秒鐘，理解「千金之子，不死於市」，能夠包羞忍恥，不被「杏仁核劫持」，才是真豪傑！

#溯源力

送自己一堂「返鄉寫作課」

返鄉找尋意義、情感與需求，成為全國滿級分樣卷。

二〇一一年學測的國寫題目是「樂齡出遊」，要求考生思考長者的需求，並寫出活動意義。國寫閱卷召集人、政治大學中文系教授林啟屏強調，高分關鍵在於說明「樂齡出遊」的「意義」，並思考如何照顧長者出遊時生理與「情感」之「需求」。

然而，許多學生表示，家中老人常居鄉下，相處時間不長，很難在需求面寫出動人的細節。

反觀一〇九國中會考寫作考題「我想開設這樣的一家店」，在對新聞界釋放出的佳作〈客家福菜麵館〉，因為闡明了與家鄉、長者間的意義，在情感與需求的描寫上極為動人，成為全國的六級分樣卷。

此篇點出祖孫分居市、鄉，產生語言與世代隔閡，回鄉也只是「逃到閣樓，終日與書為伴」，卻在一次外公領著他，製作客家傳統美食福菜的過程中，聽到外公講述客家硬頸精神，產生文化認同，因而想開一家「客家福菜麵館」來尋根。

佳節返鄉，以五脈三法尋根

佳節返鄉，如果能來趟尋根之旅，必能豐厚寫作材料，日後遇到像「傳統習俗我看見」、「我們這個世代」、「靜夜情懷」等大考作文題，必能胸有丘壑，信手拈來，斐然成章。

接下來，我且試著以今年返鄉的體驗，就「尋我的根」、「踏我的鄉」、「訪我的親」、「探我的姓」、「唸我的名」等五大脈絡，再以「觀察環境」、「訪問長輩」、「網路搜尋」等三法蒐集素材，得到以下詳整的資料為例。期待讀者看過後，也能模仿、實作、提問，讓自己成為一個真正有名、有姓、有根、有情懷的人。

許多二十一世紀的學者證明，台灣是南島語族的重要發源地，加上原住民的祖靈傳說，原鄉的孩子千萬要善用偉大的文化資產。例如達悟族作家夏曼・藍波安，深入達悟海洋、飛魚文化，轉化為優美動人的文字。又例如《山豬・飛鼠・撒可努》的作者亞榮隆・撒可努，以排灣文化為信仰，用文字尋根。

此外，台灣人都是循著先民的足跡，在不同的時間移居到這個島。今年掃墓時，大哥告訴我，眼前祭拜的是自福建泉州渡海而來的「唐山祖」。

唐山祖在嘉義布袋上岸，蔡姓也成為布袋鎮第一大姓（占二四・三％）。之後我們這一支移居到今日彰化縣溪湖鎮西勢里，但共用一本族譜，以「詒書芳自遠，樹德世尤長，崇尚期承志，功勳冀克昌」為名字的第二個字。而我是「期」字輩，雖然字不同，但許多與「期」發音相同的人們，可能都是同輩。

父親提到，我與雙胞胎哥哥出生時，我比較胖，所以取名「宏」；哥哥較瘦，取名「華」。然而家人報戶口時，報顛倒了。

根據姓名學，最後一個名，最好是四平八穩。「宏」字有屋宇寶蓋，又有三足鼎立，便是如此。然而「華」字同「花」，一枝撐繁，雖然「桃之夭夭，灼灼其華」，但勢單力孤，一生勞苦。常思考，會不會因為如此，所以我們兄弟也交換了命運。

我的青春期真的勞碌無比，但「撐」過風霜雨露，也在中年後嘗到了「春華秋實」。想想，每個名字都是獨特的，都是生命伊始，家人所給的最深的祈福。

當祭拜曾曾祖父時，大哥請我Google其名，想不到真的有一筆資料：「蔡河清，台中州員林郡溪湖庄長，溪湖庄西勢厝人，資料出處：連雅堂序。」加上父親的說明，我才知道自己的祖先曾當到今日鎮長的位置。

但我非常好奇，為何獨不見曾曾祖母的牌位？父親才告知，被曾叔公迎到日本去了。小時候見過人高馬大的曾叔公幾次，但從不知他的背景。大哥又請我Google，這次竟然在日文的維基百科找到，翻譯後的資料令人咋舌：「蔡長庚，台灣同鄉會長，全日本空手道聯盟會長，空手道九段，柔道八段，受蔣中正接見七次，戰後未在日本歸化，餘生皆拿中華民國護照。」父親還補充，曾叔公在日本銀座的公司叫「西勢企業」，就是為了紀念自己的家鄉。

祭拜曾祖父時，父親提起了一則故事。日據台灣的最後兩年，當時五歲的父親看到一位日本人押著農民，到擔任保正（里長）的曾祖父跟前，質問：「他笑我的牛沒力（牛は弱い），該當何罪？」曾祖父看見農民臉上有傷，知道他已被日本人毆打過，但仍二話不說，打了那位鄉親一巴掌。待日本人走後，曾曾祖母責怪：「你為何要為難自己台灣人？」曾祖父才語重心長：「那日本人會柔道，如果我不動手，他被押回派出所，半條命就沒了。」當下覺得這個故事超有層次，與一〇八學年度學測國寫題目「溫暖的心」的主題「惡中見其善」，完全不謀而合。

最後祭拜的是祖父及外祖父。長輩告知，祖父身為鄉紳，在二二八事變時入獄三日。外祖父為糖廠員工，二戰時被派至南洋打麥克阿瑟的軍隊，因為躲到叢林裡，戰後一年才由美艦送回台灣。「外祖父說，美軍上岸時，新竹的客家兵都勇敢往前衝，所以死傷最慘重。」大哥說起外祖父口述的回憶，又是客家硬頸精神的歷史展現。

用「溫暖的心」走出歷史傷口

台灣是移民社會，歷代新民移入時，幾乎皆以殺戮開場。所以當我們探尋祖先的足跡時，不可能不碰觸到歷史的傷痕。若以會考作文題目「我們這個世代」書寫，新世代應該是在理解中，用「溫暖的心」，走出歷史傷口。

如果師長在講解歷史時，只強化過去的血仇，會讓認知如白紙的孩子繼承先人的仇恨，如此台灣人將永遠分裂下去。來日如烏克蘭人遇襲時，將無法同心禦敵。

一位學生回到家鄉台中大里時，用心踏查家鄉的「七將軍廟」，才知道此廟祭祀的是被阿罩霧（霧峰）原住民所殺的六名清兵，與一條忠心的狗。

學生發現，他們是乾隆五十二年時，隨福康安大學士前來支援剿平林爽文事變的綠營兵。最後決戰於八卦山，擊潰林爽文主力。

林爽文被平定後，其家族在大里杙近五百甲耕地被查封了。為管理這些土地，清廷在大里杙成立了汛兵部。這六個人，就是汛兵部的士兵。

學生一開始覺得「七將軍」不是好人，因為他們殺了林爽文，但老師說林爽文是英雄，所以市內才有一所爽文國中紀念他。

然而學生思辯後，終於理解，要研究歷史，就不能輕易的去分好人或壞人。他發現，林爽文就是喜歡分好人與壞人，才會兵敗身隕。

林爽文是漳州人，因為他與泉州人、客家人不合，所以叛變時，率先攻打泉州人，泉州人才會組「泉州義民軍」，配合清兵圍攻。另林爽文也攻打客家莊，所以桃竹苗的客家人也組織「客家義民軍」幫助清廷，不然綠營人數不到林爽文軍力的一半，不可能打贏。

林爽文事變後，族群的仇恨仍然存在，所以台灣又經歷了數不盡的「漳泉械鬥」、「閩粵械鬥」，甚至「異姓械鬥」。

學生的報告寫道：「一百二十多年前，日本人來的時候，也是殺戮不斷。二二八事件，又死了好多台灣人和外省人。在這個小島上，新來和舊來的人，第一次見面，都是習慣用刀子招呼彼此。歷代械鬥死亡的台灣人，變成了孤魂野鬼，他們就被供奉在萬應公廟中。民國九十七年，七將軍顯靈，說要將萬應公與大眾爺合爐，讓這些客死他鄉、曾經兵刃相向的人們，都可以在這裡一起找到善的歸屬。」

學生表示，**七將軍廟中殿同治年間的匾額「神之格思」，就是在告訴台灣人，要走出仇恨，就要有「神格」的思考，要願意「用愛合爐」！**

#圓融力

將身軀「融」入神山，才成護國大「圓」

圓的石頭堆不高，有稜有角的血肉，才堆得起故土城牆。做事若以「討好所有人」為前提，必定一事無成。

「以和為貴」是華人處理人際關係的準則，「處事圓融」的人也常常是正向的肯定。然而，如果一昧求和，忘了大是大非，卻可能成為道德的敗類。孔子說了一句很重的話：「鄉愿，德之賊也。」就是譴責深植在我們文化裡的偽善。

一位朋友以處事圓融著稱，總是笑臉迎人，很少樹敵。擔任主管職的他，在組織的公共空間完工多月後，還不肯鈐印開放。詢其原因，他赧笑回應：「因為位置不多，給誰用都會樹敵，我還想不出一個不得罪人的方法。等我想出來，就會開放了。」

我一聽，心中暗叫「不妙」，因為這世上所有的改革都不可能十全十美；偉大的建設，大都需先破壞舊結構，橫眉冷對眼前人，才能大道前行。

例如當年張忠謀回到台灣加入工業技術研究院，初始強勢改革，引起反彈，甚至有人黑函告發。當時一位大企業家批評他：「在講究圓融的台灣，張忠謀的脾氣，實在需要改。」然而張忠謀仍不改剛烈，勇於披荊開路。

台灣今日能有護國神山，功臣不只張忠謀。

時任行政院長的孫運璿，孤意發展科技，任內科技經費就增加了十倍，因為排擠其他部會預算，引發同僚不滿，直批他冒險、躁進。但一心為國的孫運璿，不想當個「圓融的濫好人」，於是賭上他的烏紗帽：「不成功，我馬上辭職。」

尊崇中庸之道的孔子，其實有剛烈的底氣，他超討厭一味討好的圓融。例如有次子貢問孔子：「鄉人皆好之，何如？子曰：未可也。鄉人皆惡之，何如？子曰：未可也。不如鄉人之善者好之，其不善者惡之。」也就是說，所有人都喜歡的人，一定是爛人。真正的好人，是讓好人喜歡、而壞人討厭的人。所以說，做事若以「討好所有人」為前提，必定一事無成。

我就看著這個朋友任主官多年，書空咄咄，毫無建樹。最近他升官了，組織內發生霸凌事件，他又為了心中的「圓融」，袒護上位的霸凌者，並禁止同仁外洩霸凌的訊息。

當被霸凌的下屬悲憤道出心中不平時，我並不感到意外，因為年過知命，已明白處處求圓融之人，胸無淑世大志。他關心的，只有他自己，一介缺少脊梁的敗德之人。

真正的年少輕狂，是堅持大是大非

這樣的敗德之人，其實，在今日域中仍俯拾皆是。

例如明明到處都有不適任教師，卻鮮少有人敢「破壞和氣」，執起法槌。所以受害學生，經年累月，成千上萬。更甚者，如台南某特殊教育學校的性侵事件。學校收到的第一起申訴案，是十六歲的女學生，寫信向老師求助，卻石沉大海，校方也未依法調查。因為主事者選擇「息事寧人」，八年後才東窗事發，最後查出全校近三百五十名學生當中，竟發生多達一百六十四起性侵害、性騷擾案件。

這個事件被拍成電影《無聲》，就是要警惕後人，在公平正義之前，不能再無聲選擇敗德的圓融。

孔子到了晚年，也發現自己提倡的「中道思想」太難實踐，所以他也坦率表示：「不得中行而與之，必也狂狷乎！狂者進取；狷者有所不為也。」是啊！年輕時只要積極進取，狂一點有什麼不好？逢甲中文系的張瑞芬教授便說：「圓的石頭堆不高。」有稜有角的血肉才堆得起故土城牆。「讀聖賢書，所學何事？惟其義盡，所以仁至。」真正的知識分子，就是要實踐「義」字，那就是堅持人間的大是大非。像張忠謀和孫運璿這般血性男兒，不計毀譽，願意為國家的未來受點傷，將個人身軀「融」入神山之人，最後才能為後人畫出護國大「圓」。

那狂狷的堅持，才是高溫融入青史的，真正圓融！

#發問力三

惟發問者，得天下

問題比答案難找，適當的說出問題，答案就比較簡單了。

——特斯拉創辦人　馬斯克

前幾年，我所指導的網界博覽會和校刊都拿了金獎，學生也拿下了三十多個文學獎，電視台記者問我指導的要訣，我思索一下回答：「我會帶著學生一起對世界發問。」

「對世界發問？」記者有點疑惑。

「是的，問對問題，比答對答案更重要！」

同仁喜歡稱我「點子王」，其實這個稱呼應該翻譯為「喜歡發問的麻煩鬼」或是「對什麼都不滿意的嘮叨大叔」，因為我喜歡纏著同仁發問：「可以利用中午的時間舉辦三個星期的藝術季嗎？」、「可以結合其他學校的資源共辦文學獎嗎？」每個提問，都可能為自己與同仁帶來新的行政負擔，但也能為自己與學校帶來莫大的創新與改變。

每次我開始發問後，大腦就停不下來，覺得可以讓環境更好，為什麼不做？當看到國際學生玩模擬聯合國時，我馬上詢問美國學校，一起玩好不好？當我見到學生沒有打招呼的習慣，便每晚苦思推行「品格校訓」的方法；當一校經費邀不起評審，我可以詢問友校共辦文學獎的可能；當學生說出遊學的夢，卻負擔不起高額費用時，我問自己，有沒有可能找一所姐妹校，共辦落地招待，讓學生只出機票費用即可。

我習慣把心中的疑問寫在記事本上：「我可以重新開始寫作嗎？」、「我可以參加文學獎嗎？」、「我可以出書嗎？」、「我可以成為課本作家嗎？」暑假整理書架上累積十幾年的記事本時，驀然發現，我的提問全部成真了！是的，敢想，就會成真。

叩問，是一切創作的核爆點

所以我喜歡邀請同學到我的桌前：「來，提出你的問題，我們就可以開始創作了。」

大部分人可能以為創作是天馬行空，其實，創作背後的「主題」才是靈魂。而對這個「題目」的「叩問」，是一切創作的核爆點。**一個問題的發出，是創作者與世界連結的再釐清**，他一定是擁有與他人不同的視角，看到哪裡不對勁了，覺得那是自己的天命或責任，不把它做出來實在對不起自己，然後去尋找適合的素材來表達，例如文字、色彩、建築，或是音符。在慢慢與天地詰問間，只要題目問對了，需要的資訊和技巧都會跑來服務，最後「創造」出一個「作品」。

每一位老師都知道，幼稚園的孩子最喜歡問為什麼，國小低年級的孩子還樂意舉手，但中年級後，「課程」慢慢加重（天吶，我們為什麼有那麼多永遠教不完的課程），老師教不完，學生背不完，上課一發問，進度就趕不上，甚至實驗多做幾個，就「沒時間考試」了。

我們的學生習慣「命題作文」，習慣有「標準答案」，被「教育」制約了他們的好奇心。他們害怕自己找的題目考試不會考；他們害怕想像力太狂野，會跑出「標準答案」的疆界。漸漸的，學生失去了好奇與發問的勇氣。我們正在教出越來越沒有「發問力」的下一代。

「台灣半導體教父」張忠謀認為，學習只是一種input（輸入），如果沒有經過internalize（內化）的過程，去發問、發展出自己的思想，就不叫思考。想做出與普通人不同的事，非具備思考與發問能力不可。

張忠謀四十一歲時已經是德州儀器公司副總裁，底下有三萬多名員工。五十四歲時已功成名就，再熬幾年就可以退休。但此時經濟學家李國鼎提出一個大哉問：「是否不要退休，賭你剩下的年華，回台灣創辦一家半導體公司？」就這樣，台灣有了今日的「護國神山」台積電。

而在二〇〇七年十月，舊金山的一間公寓裡，住著兩位負擔不起房租的青年布萊恩・切斯基（Brian Chesky）和喬・傑比亞（Joe Gebbia）。為了解決房租問題，他們決定在房子裡擺上三張氣墊床，架設一個簡易網站，以每天八十美元計費，出租給需要的旅客。很快的，他們的第一組房客（兩男一女）就光顧，並留下照片。二〇〇八年二月，切斯基和傑比亞找來前室友納森・柏思齊（Nathan Blecharczyk）加入團隊，創立了Airbnb的前身，最後創造了價值三百億美元的訂房網站。

出生於孟加拉吉大港的穆罕默德・尤努斯（Muhammad Yunus），看到在鄉村靠編籃維生的人，被迫向高利貸借錢以購買竹子，但在償還債務後，根本沒有利潤可言，只能過著悲慘的貧窮生活。尤努斯從自己口袋中掏出二十七美元，借給一群女性，讓她們首次得以在還清債務後，還有些許利潤。尤努斯開始發問：「能否藉由小額貸款幫助窮人脫離貧困？」最後，尤努斯發展出「小額貸款及金融服務」的理論和實踐，創建了孟加拉鄉村銀行（Grameen Bank），提供因貧窮而無法得到傳統銀行服務的創業者貸款，成功幫助數百萬人脫貧。也因此，尤努斯於二〇〇六年獲頒諾貝爾和平獎。

發問建構出來的能力，才是自己的

在我服務的學校學生中，最積極思考、大膽發問的，大概是鼎鈞了。

鼎鈞甫為台灣奪得國際物理奧運金牌，他申請許多課程自學，鎮日待在圖書館做題目。我常常看到他一做就是兩、三個小時，時而沉思，時而振筆運算。鼎鈞拿下國際數學奧運金牌後，受訪時表示，自己不是很喜歡被稱為天才：「其實我每天都在發問，所以有做不完的問題，尋求解答。」鼎鈞母親的一席話更是震動了我：「鼎鈞會在網路與同學討論、找資料、向老師發問，有時會被一個題目卡住好幾天，或許進步慢，但建構出來『解決問題的能力』，都是自己的。」

什麼是「解決問題的能力」？什麼是「都是自己的」？

鼎鈞的學習模式很像我帶社團的方式，就是PBL問題導向學習。教育學者吳清山認為，此種學習植基於建構主義，認為**學習是在社會環境中建構知識的過程，而不是背誦知識**。它是讓學生在真實世界的環境中，將所發生的實際生活問題形成案例，大家共同討論，並提出問題的解決之道。

我們期待勇於向體制叩問的老師，也期待勇於向世界叩問的下一代。
是的，試問今日之域中，竟是誰家之天下？惟發問者，得天下！

#網紅力

當網紅，是最棒的學習歷程

專注、學習、分享，是「當網紅」與「製作學習歷程」的共通點。

一〇八課綱第一屆的畢業生、建國中學 YouTuber 何廢料（網上匿名），靠特殊選才上了交大。讓他爆紅的影片是《建中丟垃圾教學》。何廢料對建中學生不好好丟垃圾這件事很在意，認為高中生把廚餘倒進洗手台太缺乏公德心了，因此決定拍支影片，教同學如何處理垃圾。

近年來，越來越多的學生藉由網路上累積的表現，申請上國立大學。其實「當網紅」與「製作學習歷程」有許多共通點，都是要專注在自己的興趣點，不斷學習與累積。唯一不一樣的是發表的習慣。

一般學生會參加小論文比賽，而網紅則分享在網路上。若同學願意將自己的學習歷程持續分享在網路平台上，可以參考以下幾項建議：

一、加深加廣，留下成品

錄取清華大學特殊選才的江仲淵，高中時設立「歷史說書人History Storyteller」網頁，不斷的研究與書寫民國史，畢業前已累積出版兩本書。書籍的出版，是最有說服力的學習歷程。

錄取中興大學法律系的張正麒，高中時迷上線上遊戲，十三歲便自行架設「軟硬e點通」網站，十七歲出版資訊教學實體書，不到一年已熱賣三千多本。

二、與商業的需求結合

我所服務的學校國中部學生溫蒂（Wendy），花了大量時間研究手機的調色功能，一點進她的ＩＧ調色分享平台，總能看到底下密密麻麻的調色細節。她也在網上銷售自己整理的心得，得到了商業的成功。而商業的成功，是世上最客觀的能力肯定。

三、結合社會參與

我常引導學生發掘社會上的問題，架起網站做社會倡議。這幾年從搶救惠來遺址、搶救楊逵文學花園、送冬衣到南方澳、改變一中街、聖食計畫、到二〇二二年的騎樓整平計畫，都在網路上持續發聲，引起矚目，甚至造成改變。

四、成果可參加比賽

二〇二一年錄取世界聯合學院（ＵＷＣ）的黃品恩，高中三年和同學創立「菸沒綠洲」學生環保組織，參加和泰汽車舉辦的「公益夢想家」比賽後，在網上號召三百位高中生在西門町淨街撿菸蒂。黃品恩分享她被UWC錄取的原因，是因為她：「尋找自己的熱情，把喜歡的事做到閃閃發亮。」

參加「騎樓整平」計畫的學生，因為設立網頁，持續在網路上發聲，也因此受到公共電視注意，拍成專輯，並將做成的網站翻成英文，參加國際網界博覽會比賽，得到了白金獎最高榮譽的肯定。

先當成興趣，慢慢累積知識和技能

根據二〇一九年人力銀行最新的調查，台灣上班族夢幻工作排名，「部落客／網紅」高居第三名。二〇二〇年，指導的校刊也曾對校內四百位學生做過問卷，有一四%的中學生希望成為網紅。

事實上，要當專職網紅獲利，難度非常高。根據二〇一九年yes123求職網的調查，有五一．九%過半數的上班族透露，「曾有過」從事網紅工作的念頭；其中又有三四．九%實際投入過；然而也有七〇．七%的人坦言，其實光靠網紅經營，收入根本無法過活。

大多數的網紅都是先兼著做，等到一定流量後才轉為專職。事實上，連總觀看數破十億次的談話型YouTuber《老高與小茉》中的老高也表示，自己仍保有正職。

遊戲實況主和網路紅人阿神，自十七歲開始在YouTube發表影片，雖然在二十一歲時，頻道突破十萬訂閱，但他仍建議大學後再開始考慮專職，「不要太早把這當做人生的重心，不要讓它凌駕你的課業或生活。請先當成興趣去學習、慢慢累積知識和技能。」他的心聲其實也顯現出網紅這份工作的高壓性。包括阿滴、理科太太、聖結石，都曾自爆罹患憂鬱症。連粉絲破百萬後，阿神也在二〇二一年決定暫停十一年來不間斷的日更行程，開始過著半退休的生活。

我在二〇一〇年加入臉書時，已經四十四歲了，當時已停筆二十多年。二〇一二年，見到許多學生掃地時間都不打掃，因此寫下〈你這個笨蛋〉一文，想提醒他們責任感的重要性。那年順便將此文貼上臉書，想不到得到上萬次的分享，也因此被出版社看見，出了第一本書，開啟自己在網路上分享文章的習慣。

為了寫作，我必須更大量的學習與閱讀，就這樣，持續週更，到日更。累積的「學習歷程」到二〇二二年剛好結集十本書，而這些書籍的版稅也大幅改善家庭經濟。

在拿到藍勾勾後，臉書追蹤人數也破了三萬，許多人會以「網紅」相稱。我常覺得不好意思，總覺得那是年輕人的專利，但是看到網紅這個字的英文不斷轉變，慢慢了解到，網紅不是一個膚淺的名詞。

以前的網紅稱為YouTuber，但在Facebook、Instagram、Twitter和微信等平台越來越多元後，人們開始以KOL或Influencer相稱。KOL的全稱是key opinion leader，直譯做「關鍵意見領袖」；Influencer望文生義，就是有影響力之人。

成為網路上有影響力的意見領袖，可以為社會帶來許多正向的幫助。例如這十年來，我透過臉書已幫弱勢團體募集超過千萬的善款，平日更可以藉由臉書來分享正向的資訊。

成為網紅不是壞事，可以從現在開始學習

台灣從一九九六年起廣設大學，大學數從二十四所膨脹到二〇二〇年的一百二十六所，三十年間暴增一百零二所。根據行政院主計總處資料顯示，這二十餘年來，畢業生的起薪平均，僅從二萬八千一十六元增加到二萬九千八百一十九元。更令人震驚的是，在通貨膨脹的年代，有六四％受雇者的經常性工作收入不到四萬。而這群領取低薪者，大多是文組的畢業生。

二十一世紀在全球化的分工下，理工科人才成為時代的寵兒，不用頂大學歷，一般理組畢業生可輕易拿到百萬年薪。害怕數學或是性向在社會組的學生，很容易成為經濟的弱勢，包括大傳、設計、歷史、政治、語文等文組科系，一直被認為是起薪相對低的科系。一般設計相關科系在業界的起薪，大多不到三萬，然而學生小芬卻因為長期在ＩＧ發表婚禮卡片及Ｔ恤圖案等作品，受到粉絲的喜愛，現在靠著接案，所得已超過原公司薪水兩倍。

商學院畢業的敏迪，本來在印花樂擔任行銷工作，但因為對國際新聞的熱愛，在公餘研究並創立自媒體，最後離開公司，將國際新聞當成主業。二

〇二二年推出的商品「國際觀察曆」，銷售金額竟超過千萬。

很多人以為，網紅只要長得漂亮、長得帥、聲音好聽、敢秀、敢現就能紅。但征服五百萬鄉民的「歷史網紅」黑貓老師表示：「內容才是重點。」

許多學者都點出，二十一世紀的網紅經濟正在質變，慢慢從「流量經濟」走到「內容經濟」。越來越多「知識網紅」或「個人媒體」，藉由精準有質感的內容打造個人品牌，創造穩定收入。

今日大學選才納入學習歷程，就是要鼓勵學生「個體崛起」。在文組生起薪偏低的年代，養成在網路上發表的習慣，不僅是文組生個體崛起的好機會，也是所有公民開始影響世界的最好年代。

黑貓老師說：「**當網紅，與其問需要什麼技能，不如確定自己有一顆好學的心**，隨時學習新事物。不然，就算你某項技能練到爐火純青的地步，新的東西一出來，舊的便一瞬間失去競爭力了。」

高中三年，如「網紅」般專注學習，培養在網路上分享的習慣，就算日後當不了網紅，慢慢累積的「學習歷程」，也會是日後升學或就業的一大競爭力。

#思辨力

找回思辨力，走出詐騙元宇宙

「都老梗了，你竟然還上當?!」
「怎麼那麼笨！檢座或書記官不會親自取錢啦！」

近年Netflix詐騙題材影劇超夯，例如《Tinde大騙徒》揭露玩弄人性的愛情騙子、《創造安娜》裡的假名媛以騙術在紐約享受高級人生。還有Disney+《新創大騙局》神還原美國新創圈「惡血女王」伊莉莎白・霍姆斯（Elizabeth Anne Holmes）的故事，她十九歲自史丹福大學輟學創業，號稱透過指尖幾滴血就能完成三百多項血液檢測項目，讓公司市值炒到九十億美元（約二千五百億台幣），結果沒想到是一場世紀大騙局。

是的，我們正處於一個虛擬世界，而這個世界中，最蓬勃發展的新興行業，就是詐騙。二〇二一年六月底，我也曾因為接到一通中華電信的市話，差點被騙了一百五十萬。

為了提醒大眾避免再度受騙。將受騙經過貼在臉書後，被許多新聞媒體轉載，臉書湧入關心訊息，但更多的是質疑：「老師念那麼多書，怎麼會被騙？」沒錯，事後覺得自己超笨，怎麼可能會被詐騙集團一路牽著鼻子走？但如詳加分析，會發現他們使用的是時下最流行的NLP神經語言規劃（neuro-linguistic programming）洗腦騙術。

NLP系統架構四要素

NLP是否是偽科學，仍有待學界驗證，然而其「連環套」的系統設定（programming），有效讓人失去思辨能力，願意接受其語言指令，因此普為不法者使用。以下是我分析這次詐騙集團「引君入甕」的NLP系統架構：

一、**製造即刻需求**。詐騙集團製造一個又一個立即的危機（停話、被盜用證件、涉案、凍結戶頭），再利用一人又一人的接力洗腦，讓我必須專注於連鎖的「闖關」需求，在感官超載（sensory overload）後無暇思考。

二、**利用善意的立場為出發點**。偽裝的電信公司小姐、資安小組專員、刑警隊組長、科長、檢察官助理，都以保護我的立場出發，讓我情感戰勝理智。

三、**用真資訊偷渡假訊息**。中華電信語音、個資外洩、證件遺失等真資訊被我買單後，後面的騙術就會被我概括承受。

四、**斷絕向外界求證的管道**。事後回想整個詐騙過程，會覺得漏洞百出，但因為集團要求全程手機通話，讓我沒有工具去查證。

看見媒體報導後，管區警察找我做了筆錄，並告知，單單台中市南屯區就已有三人被該集團騙走錢財。

幾個月後，那位冒充檢察官助理的車手被抓，一審被判一年十個月。在檢方寄來的判決書中，發覺他才二十四歲，青春正好。

我常想起那天，我從車子衝出來，吼了他一聲，他定住，連跑都不敢跑，我才有機會從他手上奪走被騙的錢。他那生澀的眼神，掩蓋不住的單純，為何會願意為虎作倀，害許多無辜百姓家破人亡？他罪無可逭？但事實上，這個世界裡還有無數個他。

一位曾擔任過車手的學生M坦言，一開始也會擔心害了人，但詐騙上線會「設定」一個合理化的「語言」系統，讓他思考的「神經」網路當機。例如他們會說：「社會貧富不均，有錢人就是貪，被騙剛好，要利用這種階級翻身的好機會。」最後再請其他「快速致富」的車手，分享成功的經驗，讓他相信「很安全」、「不容易被抓」，M和他的同學最後被洗腦成功。

二〇二一年七月，一個甜美的女孩用Messenger問我問題：「我男朋友從銀行領了八十萬，但錢不是他的，他發覺怪怪的，去自首了……。」

「你男朋友是車手！」我一語道破。

「他會被判刑嗎？」女孩還傻傻不知法律的界線。

當然會判刑，更慘的是像M和他的同學，在大陸被抓，對岸刑期更重，一判七年。不僅有了前科，最寶貴的青春也必須在苦牢中度過。

其實整個台灣是個大型的NLP洗腦社會。根據內政部警政署刑事警察局的統計，「假投資真詐騙」成案的數量，二〇一八年為一千四百三十五件，二〇二〇年二千八百五十二件，每一年都大幅成長。重點是，每一個案子都有大量的加害人及受害者，而他們許多是剛出社會的年輕孩子。

就像被媒體大幅報導的台科大首屆「台科小姐」許同學，在一起上投資課同學的邀請下，被集團NLP洗腦，一樣是利用「製造即刻需求」（快速致富）、「利用善意的立場為出發點」（周圍每個人說起話來都像貴人）、「用真資訊偷渡假訊息」（參觀挖礦場）等三個手法，讓她決定投資時下最吸睛的虛擬貨幣。

在初步獲利後，她加碼投資，又邀其他朋友加入。二〇一九年初，她驚覺受騙後，原擬提告，卻接到集團電話警告，因為她也邀人投資，是「共犯」，若提告，自己也要坐牢。在損失錢財及可能觸法的雙重壓力下，許同學在三十歲生日隔天，選擇離開人世。

「電信詐騙」、「投資詐騙」只是各種詐欺的一部分，事實上，台灣社會正充斥五花八門、害人不淺的詐欺。

根據警政署統計室二〇二一年資料顯示，二〇二〇年詐欺案件共二萬二千九百四十五件，其中**逾五成七的嫌疑犯及被害人集中於十八至三十九歲，詐欺案件破獲率九八・七四%**，詐欺案件嫌疑犯計三萬三千九百四十一人，較上年增加四千三百六十人（成長一四・七四%），被害人計三萬六千一百五十四人，較上年增加一千六百七十二人。

而**做案的嫌疑犯以「二十四至二十九歲」的七千九百零四人（占二三・二九%）最多**，「十八至二十三歲」的七千六百三十三人（占二二・四九%）次之，「三十至三十九歲」的七千六百一十一人（占二二・四二%）再次之。

小小一個台灣，一年的的欺嫌疑犯竟然高達三萬三千九百四十一人，而且都集中在年輕的族群。為何這些剛步出校園的社會新鮮人，會願意不擇正途、鋌而走險？

台灣有培養詐騙犯的「各種優勢」

二〇一六年BBC中文網記者威克以〈為何電信詐騙以「台灣嫌犯」居多?〉為題，探討台灣為何成為「電信詐騙」搖籃的原因，他綜括幾個因素：

一、台灣護照好用，讓台灣人可以遊走世界各國。

二、電信詐騙需要電腦及通信專業，台灣很容易找到這些人才。

三、台灣銀行分行普及、存匯款方便，詐欺刑罰輕，因此大多利用未成年者擔任「車手」，向受害人直接拿現金。

其實更重要的，是台灣青年低薪的根本問題。依據二〇二一年十二月主計總處公布的資料，二〇二〇年受僱員工全年總薪資相關統計，總數八百一十一萬三千名的受僱員中，有六七．八%低於六十五萬元的年平均薪資。二〇二一年也是台灣房價狂飆、通貨膨脹的一年。當年輕人再怎麼努力，都追不上房價、物價雙漲的速度，我們要如何拉住他們，不要被吸進詐騙的元宇宙？

「老師，你知道嗎？八〇%曾從事詐騙的年輕人被關出來後，再也回不去正途了，」從中國大陸服刑期滿的M表示：「當你曾經月領幾十萬，又看見以前的同夥開著雙B名車，你怎麼還能甘於一個月領三萬死薪水的日子？」M表示，他還在考慮要不要「再賭一把」？

其實以身試法，一點都不安全。警政署二〇二一年公告的詐欺案件破獲率是九八．七四%，也就是說，一百個人以身試法，有超過九十八人被抓，留下前科，甚至需長期入獄。以風險管理或成本效應來思辨，從事詐騙怎麼都不划算。

不從事詐騙或是不要被詐騙，都需要思辨力。如果我們在涉世淺、點染亦淺的時刻，沒有足夠的知識來培養思辨的能力，隨時會成為「詐騙大軍」的受害者，甚至，加入他們。然後，一個染黑的靈魂再也回不去了……。

4

終身學習

#自學力

自主學習，還是不由自主？

自主學習移植了西方教育的精神，然而我們卻沒有落實其深層結構。我們把一天八節課塞滿，沒有留足夠的時間給學生。

讀書有用嗎？

教育真的是階級翻轉的利器嗎？

答案是「是」，也是「非」。

因為教育有多種，包括學校教育、社會教育、家庭教育與自我教育，彼此影響，各擁核心。那麼，其中是否有哪一種教育的影響力最大嗎？有的，科學證明，真的有！

根據二〇一八年英國倫敦國王學院針對四千名英國學生所做的研究顯示，在家庭社經背景相似的條件下，私校學生的平均成績僅比公校學生高〇．五%。但高社經背景家庭的學生成績，卻比弱勢家庭的學生高了八%。也就是說，**學校型態對學習成就幾乎沒有影響；但家庭背景的影響卻顯著較大**。

所以，我們可以得到一個結論，那就是家庭教育比學校教育的影響力更大。沒錯，因為家庭文化資本，醫師的孩子更知道如何當醫生，科學家的孩子更容易當科學家，而資本家的孩子，學商的環境會更好。

就像股神巴菲特，十一歲時開始在父親的證券經紀商工作，學會投資，大學畢業時已有近新台幣三百萬元的積蓄；又例如提出白努利定律的丹尼爾．白努利（Daniel Bernoulli），父親是微積分大師約翰．白努利。讀到這個地方，大家會不會有一個「錯覺」——含著銀湯匙出生，天生就贏了。就像甘迺迪家中的孩子，隨便念，就能當個參議員；而一般人，出身就是渣，直接躺平就好。

不是的！要記得，在資本家壟斷市場、創業不易的年代，教育仍是階級翻轉的最佳利器。因為**還有一種教育，它的影響力比家庭教育還要巨大，那就是自我教育。**

例如出身貧窮鐵匠家庭的法拉第，因為經濟拮据，勉強讀完兩年小學後，在十二歲時就必須外出當報童，但因為喜歡看書，十四歲那年開始在書店當學徒，總是整晚點燈K書，最後對電磁學做出巨大的貢獻。美國十八世紀著名政治家、科學家富蘭克林，自幼酷愛讀書，但因家貧無錢上學，常常餓肚子省錢買書讀。有一天，富蘭克林在路上看到一位老媼，已餓得走不動，富蘭克林將自己僅有的一塊麵包送給她。當老婆婆不忍收他麵包時，富蘭克林從背包抽出一本書，津津有味讀起來，笑著說：「讀書的滋味要比麵包好多了！」

學校教的東西，將永遠無法滿足未來的需求

其實二十一世紀就是屬於「自我教育者」的世紀，如同戴爾電腦所做的研究指出，二〇三〇年的工作，有八五%還沒被發明出來，學校教的東西將

永遠無法滿足未來的需求。

若你像唐鳳、創立蘋果電腦的賈伯斯，或是創立臉書的祖克柏一樣，無法完全在學校得到成就感。或是像吳寶春一樣出身寒門，失去上學的機會。千萬不要抱怨，因為你還能學習他們，以興趣為核心，鍥而不捨，靠「自我教育」翻轉自己的人生。

其實我本身就是「自我教育」的最大得利者。到了中年，因為遇到了網路時代，知識的取得比上個世紀容易太多了，因此利用線上資源，從Google、podcast、Youtube、線上課程，到各式各樣的知識網站學習，因此學會了英文、國貿和廣告等專業。靠著這些專業，讓所得比初出職場時跳升了十餘倍。

然而，教育部為了鼓勵「自我教育」而推動的「自主學習」，在學校現場，卻阻力處處。

一年前，有三十多位高一生請我「簽名畫押」，成為他們的自主學習指導老師。今年他們高二了，我仍在自主學習時間，待在辦公室「痴痴的等」，等他們來找討論。然而，我總如深山老廟的住持，獨自守著一座空山。

所以我和校刊社的學生決定針對第一屆一〇八課綱學生，做一份「自主學習實施現況」的問卷。問卷於一一〇年一月發放，以紙本形式，合併共五百九十二份有效問卷。結果發現，有超過六成的學生，不喜歡現今自主學習的模式；弔詭的是，**七四%的學生提出自主學習計畫，選擇方向與未來申請大學科系相關，卻有超過八成的學生認為，目前完成的學習歷程無法滿足申請大學的需求**。

此外，八七%學生擬定自主學習計畫，是由自身想法出發；七六%的學生期待老師可以給予方向與資源，但學生又不願主動尋求指導老師的協助。我曾詢問自己任教的高二下專題課學生，會在自主學習時間找指導老師諮詢的比例只佔一成；完成高一自主學習計畫八〇%進度以上的學生比例，不到兩成。可見在制度面與現實面，存在極大的落差。

只有計畫，卻沒有執行與考核

其實，凡事從無到有，都必須經過計畫、執行、考核等三個階段。

當師生共同參與計畫，學生不照計畫執行、老師端也無考核機制時，八〇%的「自主學習計畫」都會以失敗收場。

「自主學習」是移植西方教育的精神，然而我們卻沒有可落實自主學習的深層結構。

第一個結構性的問題是，我們把課塞滿，沒有留足夠的時間給學生。以自己參訪過的姐妹校為例，美國波士頓的姐妹校在下午三點前下課。德國漢諾威的姐妹校，高三有三天是下午一點放學，因此他們下午都有大量的時間去排戲、做科展、或是約老師做加深加廣的學習。

反觀台灣的上課時間，雖然法定四點下課，但大多數學校都是五點才放學，加上學生要應付每天的小考，時間已經不夠用了，要他們靜下心，只利用一週一節的自主學習時間去做有系統的思考及實作，根本是強人所難。

綜觀學生遇到的困難，排名依序是「自主學習時間不夠充裕」（七五%）、「擬定目標太高或不明確」（五五%）、「沒有學習動機」（四一%）、「不清楚如何尋找資源」（三六%）、「不確定未來想就讀科系」（三五%）、「進度與內容不會寫」（三一%）、「不知道如何尋找指導老師」（二一%）。其實，這是一個系統性的問題。因此，「山不來，我便向山走去」，建議學生主動聯繫老師，才是上上之策。

滾動式修正，有限時間完成一個亮點

有位想就讀大眾傳播系的A同學，高一時擬定了一個很周全的影片拍攝計畫，想要將學校的十大特色拍完，還要甄試男女主角。然而兩年過去了，雖然與我討論數次，但總是一拖再拖，最後連像樣的分鏡跟腳本都沒生出來。日前詢問即將升上高三的她，還有心完成這個計畫嗎？她笑著搖搖頭，看來是完全放棄了。然而另一位校刊社同學，接下這個計畫，和我充分討論分工，一個月內拍成「惠文高中二十個Wow」影片，上傳後，得到上萬次的觀賞，最後還被電視新聞報導，成了學習歷程的亮點。

同樣想讀大傳系的B同學，高二下時修我的專題課，想要學習拍個影片，因為功課壓力，我建議他使用最省時、省力的方式拍。結果她利用上下學的時間，訪問同車念特殊學校的學生，雖然只是短短三分鐘的短片，但非常感人，片中已可見到她的拍片技巧與社會關懷。

一樣是學習歷程，可能需要花幾百個小時，也可能不用十個小時就可以完成。所以學生一定要時常檢驗自主學習計畫，如果發覺學習計畫已落後，一定要及時找老師討論，做滾動式修正，最後一定可以在有限的時間內完成一個有亮點的學習歷程。

另一位學生看見不菸不酒的祖父因肺腺癌過世，他懷疑與台中的空汙有關，於是主動在校刊社做空汙專題。他跑了兩次台中火力發電廠，還在假日訪問了最關心這個議題的中興大學環工系莊教授。兩個星期後，又採訪了市府環保局。現在，他仍然持續閱讀科學、法律與經濟的文章，提出很多假設及疑問，他想帶著這些問題進入大學研究。像他這樣主動關注生活周遭缺口，並且持續做有系統學習的學生，是所有大學與企業的最愛。

好好利用五大探索資源

若學生不確定未來想就讀什麼科系，以下是五個探索學涯與生涯的超棒資源，供同學們參考：

一、**教育部 Collego**：現今台灣的大學有一千多個校系，十八個學群之下有學類，學類之下有學系。每個學群就好像是一個大家族，Collego 幫大家爬梳得非常清楚。

二、**IOH 開放個人經驗平台**：是最多學生諮詢的熱門平台。IOH 提供一個跨國、跨領域的公開經驗交流分享平台，邀請在海內外讀書工作的學子，以影片與文字的方式，分享在國內外學習與工作的所見所聞。

三、**大學問**：大學問是國內最大的升學資訊平台，提供學生及師長最專業的大學升學資訊和教育趨勢報導。

四、**親子天下**：親子天下是華文圈影響力最大的教育教養品牌，內容豐富，資訊即時，我的文章也定期在這個媒體發表。

五、**玖零柒 podcast**：因為是聲音形式，可以利用零碎時間收聽。介紹不同的科系，邀請的來賓大多是正在就讀或已讀完研究所的學生，或是剛開始工作的社會新鮮人，內容非常全面。

同學們只要偶爾造訪這些網站，一定可以很快找到想報考的校系。在能力比學歷重要的年代，千萬不要只把自主學習當成升學的工具。那是教育的手段，是訓練學生自己「找知識」、「找人脈」，以及養成「時間管理」、「動手做」等習慣的手段。

期待同學們正視「自主學習」跟「學習歷程」，那是一個人一生的能力核心，也是一個人成功的核爆點。今天你不自主靠自己的力量站起來，明日就會低人一等。

#異質力

別怕當怪胎！有異質力，才有一直力

興趣真的可以當飯吃，但是你要先學會使用「不平等優勢」。

「我很想見見這位得首獎的同學，他的想法如此與眾不同，一定是人群的異類，他一定有一段很辛苦的成長歷程。」在十七個學校參與的「中台灣聯合文學獎」散文組決審會中，心地柔軟的評審、逢甲大學中文系張瑞芬教授，忍不住發出憐才的嘆息。

「我也好想見見這位秀異的同學！」另一位評審、《父後七日》作者劉梓潔，一樣惜才。

此時坐在我身旁的L已是涕泗縱橫。一個大男孩，哭得不成人樣。我知道，L生命的上游蓄積了太多的心事，當有人願替他開啟小小的閘門，那宣洩的力道豈不滂沱？

我忍不住站起身來，指著L：「評審老師，這位就是首獎得主。」三位評審連忙過來拍拍L還孟浪未平的後背：「你很棒，你真的很棒！」

但大部分的師長不認為L很棒，「怪胎」大概是旁人對他一致的印象。

L腦中有許多「奇怪」的想法，他高一念完，就背著背包休學流浪一年。上課時，他會問老師：「我可以讀自己的書嗎？」當老師說可以後，他真的拿出自己的書，專心閱讀。

「他真的很不給老師面子！」向我敘述的老師，也是滿腹委屈。甚至有師長在拒絕L提出的某些申請後，直接了當的回答：「原因很簡單，我就是討厭他。」

在台灣，中學班級人數是歐美的二至三倍，又因進度快，每天趕課，如果還要「分心」不時去處理「舉止異常」的學生，真的會讓教師疲於奔命。

其實絕大多數的老師都認真負責，有教育愛，常會在百忙之餘，找我聊L：「他好像只聽你的話，幫我們輔導一下L吧。」

L喜歡寫東西，會到我的詩社旁聽，於是兩人漸漸熟稔起來，大多數的時間都談論創作。L的「特異獨行」是想太多，是專注於自己想念的書，這樣的「異質」非常不適合學校的課堂，卻很適合寫作。然而，在教育場域，異質的孩子常常被當成怪胎；他們不知道，善用異質力，將擁有一生受用無窮的未來競爭力。

異質力是你獨一無二的不平等優勢

暢銷書《用你的不平等優勢創業》（*The Unfair Advantage*）提出一個重要概念：這個世界是不平等的，每一個人都擁有自己的不平等優勢，例如財力、才智與洞見、學習力、社交智商、情緒智商、創意、運氣、教育、地位等。其中有些是先天無法改變的，例如財力與地位。然而才智、洞見與學習力，卻是每一個人都能善加利用的「不平等優勢」。

例如二〇二二年四月，以「算命阿姨九天玄女之天女散花」影片獲得七百萬點閱的阿翰，因為自己陰柔的特質，在中小學時期，不斷受到同學的霸凌。直到上了國中，輔導老師彭川耘告訴他：「你要去認識自己原本最棒、最美好的樣子，因為你是獨一無二的！」這個「獨一無二」正是他人無法取代的「不平等優勢」。所以阿翰就在二〇一七年以模仿國中女生在園遊會叫賣：「三年三班手工薯條，超——級——好——吃！」的影片而爆紅。四天後他開始在YouTube上成立頻道，發表的第一支獨立創作的影片就是模仿「算命阿姨」。

是的，「陰柔的特質」曾經是讓阿翰被霸凌的原因，但善加利用後，就變成獨一無二的「不平等異質力」。

我想我正是善用異質力的最大受益者。我的理科差，只有中文好，這樣的成績只能考上私立大學。然而當我珍視自己的異質，在這一塊終身學習鑽研後，我能建立與他人的「差異化」，成為一生最強大的競爭力。

在台北廣告公司寫文案時，必須找出產品的差異化（differentiation），以建立競爭優勢及市場區隔。因為同質性的產品，只會進入價格戰的紅海，唯有具備差異化的產品，才有競爭優勢與「不可取代性」，可以悠游於「壟斷性競爭」的藍海。例如蘋果手機和鼎泰豐，都是擅用差異化策略的高手。

在學校，我發覺自己因為職場上的經驗，與同事有很大的異質性，關注焦點也與同事迥異。一開始，這樣的異質會讓其他同仁覺得「非我族類」，而我也因為得不到共鳴，感到心灰意冷。例如，我認為新學校需要行銷；學校女生多，可以朝寫作與國際教育發展；在升學至上的時代，品格教育會是建立「市場區隔」的好點子等等。

還好自己沒有放棄異質的堅持，學校最後成立了文創班與國際班，甚至還採用了我的點子，發展出品格校訓。最高興的是，學校因此願意將校園的新聞處理、行銷、文創課程、校刊與國際教育的業務，都交給我負責的處室。所以現在非常感恩，每天可以「被夢想叫醒」，更感恩因為自己的異質性，「興趣可以當飯吃」。

現在，學校也因為寫作與國際教育上的異質，建立了市場區隔，在少子化的年代，招生無虞，入學分數不斷上升。其實，不僅個人、組織，甚至國家，都必須發揮自己的異質力，以取得全球化分工的競爭優勢。例如新加坡的轉口貿易、瑞士的金融和丹麥的農牧，都在世界上占有不可取代性。至於已經有領先優勢的國家，更必須不斷精進學習，強化自己的異質力，拉高「跨越障礙」，例如美國的電影產業、德國的工藝、韓國的韓劇及美妝，以及台灣的半導體。

有異質力，還需要學習力

目前，台灣的教育漸偏向單一能力，正如同清華大學彭宗平教授所指出的：「台灣年輕人幾乎都往大學走，沒有分工。」更危險的是，時下年輕人正一窩蜂念熱門科系，例如二〇一四年《天下雜誌》在「志氣——為人才而戰」的專題報導中提出統計：以最夯的兩種科群為例，餐旅觀光業的畢業生人數在四年後將逼近一年兩萬五千人，但是每年進入相關行業的將只有一至兩成；而設計相關科系的畢業人數十年來暴增到一萬零三百人，增長四倍。

然而，若缺乏異質性，很難在這兩個產業中占到好的位置。例如餐飲行業中，真正領高薪的只有少數的大廚及高階經理人；而最受歡迎的網路插畫家，例如馬來貘與Onion Man，靠的不僅是技巧，更重要的是敏銳的觀察力，以及文本的理解能力。

所以我會期許那些希望把興趣當飯吃的同學，不可忽略跨界的學習。例如愛畫畫的，若電腦好可以當動畫師，若文字好，可以當第二個幾米；那些愛運動的，若英文好，可以當運動經紀人或運動器材的貿易人員。至於L，我期許他不可偏廢人際關係的學習，因為在他成為大文豪前，他可能必須從事與人群密切互動的文化產業。

宏碁集團創辦人施振榮說得好：「台灣不缺人才，只是缺乏舞台的觀念。」台灣年輕人的職場忠誠度與基礎學科訓練，一直被國際經理人所稱許，然而因為能力同質性太高，或是選擇往同一個舞台擠，很容易就變成高學歷低成就的受害者。因此，利用自己的異質去終身學習，已是二十一世紀新生代必須建立的關鍵能力。畢竟，**有學習力的異質力，才有一直力！**

＃貴人力

用故事與品格，當個「貴人磁鐵」

沒建立自己的價值之前，所有的人脈都是沒有意義的。

二〇二二年三月，我驅車載著吳建國教練和全國撐竿跳U20紀錄保持人、高三學生林琮憲，到台南麻豆岱稜科技簽約。

簽完約後，林琮憲在大學每個月就可以拿到岱稜科技提供的一萬五千元營養金，以及每年五萬元的運動耗材金。

是的，這是一份價值新台幣一百萬元以上的贊助合約。有了這筆錢，林琮憲大學時可以不用打工，更專心為打破全國紀錄練習。為什麼一家傳產公司，願意當貴人，花大錢幫助一個素昧平生的高中生？因為林琮憲擁有吸引貴人的兩大資產：故事與品格。

記得琮憲初次來找我時，娓娓道來他跌宕起伏的運動生涯。原來琮憲小學六年級開始練習撐竿跳，一路上風雨無阻，國二成績突飛猛進，似乎一切都順風順水時，老天爺開了一個大玩笑：在一次比賽前的練習，琮憲落地時不慎飛出墊外，為了保護身體，用左手撐地，喀嚓一聲，左手當場變成S型。醫院X光一照，左手上臂尺骨橈骨齊斷。

手術後，琮憲慢慢接受一切事實。術後積極復健，期待能夠再度拿起竿子。養傷的日子也一波三折，每天復健的練習量都大於普通人的強度，因受傷期間，左手不能亂動，導致肌肉沾黏，復健時要拉開沾黏的筋肉，斷筋裂骨的痛楚，常讓咬緊牙齒的琮憲仍然痛得落淚。之後為了突破成績，從屏東負笈北上至台中惠文高中就讀。

林琮憲現在的撐竿跳最佳成績是五米二五，而全國的紀錄是五米三二。

在學校練習時，琮憲有時可以跳過五米五〇，然而最近幾次比賽挑戰全國紀錄時，身體都過了，但是因為竿子的磅數不足，結果都功虧一簣。因為林琮憲身高一百九十公分，需要二百一十磅的竿子，但現在全台灣最高磅數的竿子只有二百零五磅。

本屆奧運撐竿跳金牌的成績是六米〇二，這位代表瑞典的選手阿芒德・杜普蘭迪斯（Armand Duplantis），締造了六米一八的紀錄。他擁有美國跟瑞典雙重國籍，之後因為瑞典國家及企業的全力支援，讓他的成績從五米三〇突破到六米。

吳建國教練曾經拿過亞青盃第二名，過去成功訓練他的公子、歌手吳霏，拿到全中運的金牌。吳教練說，吳霏身高一百七十一公分，跳到四米八五已是極限。林琮憲身材非常高，成熟期比別人晚。他的技術還處於初期，就已經接近全國紀錄了。一九〇的身高，如果配合長期有紀律的訓練、增進技術、不要受傷，未來展望無限。

聽到琮憲有願景的故事後，簽約時，岱稜科技表示，他們希望不僅贊助大學四年，更能陪著琮憲一直撐向世界，甚至為台灣在奧運拿牌。

會逼你的，可能對你有更大的期許

二十多年前帶過的學生芮妮（Renee），現在是很多人的貴人。這幾年她捐給我們學校體育班的清寒獎學金，累積已超過台幣百萬。

芮妮以前在台北榮總擔任要職，遇過不少職籃、職棒和美國大聯盟的球員。由於台灣有許多有才華的選手都被操壞了，等到一進入職業運動，從小積累的運動傷害，幾乎毀了運動生命。因此，「雞婆成性」的Renee總是一邊罵、一邊憐惜的幫他們安排最好的醫師和療程。也因此，她遇到了職籃明星大前鋒H。

H以前交往過天后級歌手，成為媒體追逐的對象。面對媒體「看圖說話」的不實報導，生性木訥的H只會保持沉默、選擇不受訪，因此個人公眾形象受到嚴重打擊。見到H是個不菸、不酒、不混夜店、自律甚嚴的運動員，芮妮決定答應成為H的經紀人。然而，芮妮總是以惡人的形象出現——她和我一樣，說話不假辭色。芮妮嘮叨H不懂得保護自己的形象，還逼他去念研究所，但也主動幫他接代言，讓他的職涯可以延續。

H也提到，高中時念松山高中，遇到超兇的鐵血教練黃萬隆，他逼球員背英文籃球術語，甚至要讀原文籃球文章，H當時想，黃教練真是瘋了。然而高中打下的基礎幫助他順利考上台師大，所以H現在是英文最好的球員，可以負責職籃的翻譯工作。

那天邀請高大帥氣的H對體育班學生演講時，他眼神嚴峻，再三叮嚀：「要記得，我們學競技的，不可能一輩子靠競技謀生，所以學科不能偏廢，尤其是英文，以後最可能用到。」

許多學生痛恨喜歡罵人的老師，但靜下心想，為什麼他要發脾氣？是不是對你有所期待？先不要討厭這種老師，或許他們是你生命中真正的貴人。

那日簽約時，吳教練問林琮憲一個問題：「你記得成績什麼時候開始突飛猛進嗎？」琮憲回答：「從開始遵守紀律，乖乖練習、乖乖參加晚讀開始。」

「這就對了！」吳教練望著琮憲：「只要過有紀律的生活，注重生活的每個細節，成績一定會慢慢起來。」而**紀律與品格，也是貴人願意伸出援手的最重要因素。**

琮憲的合作契約書很特別，有見證人一欄，這麼寫道：

考核於合約有效期間，得認真學習，每學期需整理競技成績及大學成績單影本供第一見證人、第二見證人審核合格後，再將審核表轉呈甲方。若有不專注學習或品格瑕疵事宜，甲方可停止本合約之履行。

我和吳教練擔任見證人一職，負責考核。

事實上，從琮憲第一次走進我的辦公室的那刻起，我便開始考核他。每一刻、每個細節，都在考核：他會問好嗎？他會說謝謝嗎？他會自我中心嗎？他會把他人當工具嗎？他會準時回訊息嗎？他能說到做到嗎？

所以，我決定給琮憲一份作業，寫下自己的故事：「要參加文學獎，要一千字以上，而且寫完要和我討論修改，至少要修三次。」

我知道體育選手很怕動筆，但琮憲三天內便傳來一千字，而且願意一次次花時間補充資料。最後琮憲得了獎，雖然只有佳作，但在互動的過程中，已足以讓我了解，他是一個有禮貌、懂感恩、態度好、吃得了苦的年輕人。

這也是讓我願意為他奔波跑腿的動力。

寫下自己的故事，讓貴人容易認識你

接下琮憲的請託後，我將他的故事貼在個人臉書，十二小時內，便有七家企業表達贊助的意願。雖然最後選擇第一時間回覆的企業，但我非常驚訝，想不到有這麼多人相信我的文字，願意花大錢幫助下一代。

一位企業主留言：「已經追蹤老師的臉書多年，讀過許多老師寫下的故事，因此相信老師的推薦。這次雖然未能被老師挑中，但日後，老師的學生若有任何需要，都可以告訴我。」

這幾年在臉書發起的活動，包括送冬衣到南方澳、畫話協會募款、賽德克族繪本募款等，都能在短時間達標，原來這些朋友也已經「考核」我多年，因此成為我的貴人。

有句話說得好：真正的人脈，並不是你認識多少人，而是多少人認識你。所以任何人，都記得要學會書寫自己的故事，那是一輩子吸引貴人的

「學習歷程檔案」。

前一〇四人力銀行行銷總監邱文仁曾說：「職場中沒有人不需要貴人。」確實如此，如果沒有貴人，我今日的幸福可能會打個五折。

我生命中最大的貴人，是高一時認識的女孩阿咪，是她介紹我認識今日結縭二十九年的妻子。這二十九年來，每天還是會覺得，能夠認識清麗嫻靜的妻子，是一生最大的幸運，然而，這樣的幸運是經過十年的考核。

記得阿咪要介紹妻子給我認識時，我直搖頭：「不可能，我長得普通，家裡又還有債務，像她這種校花級的女生一定看不上我。」阿咪卻笑著安慰我：「從高中開始，我觀察你十年了，你很自律，而且在你父親破產後，你沒有倒下，反而努力賺錢幫家裡還債。你是有故事的人，所以我相信你，也推薦你給佩佩（妻名）。」

每個人都期待「貴人相助」的一刻，但誠如本文所言，遇到貴人，不能只靠運氣好，更重要的是，記得，要用「品格」去累積自己的「故事」，再用故事創造自己的價值。沒有建立自己的價值之前，所有的人脈都是沒有意義的。

貴人與人脈，從學生時期，就要開始用心累積。Who knows?可能從中學時期就用心累積，十年後，會有貴人突然出現，介紹校花或偶像級的對象給你喔！

#耐髒力一
你的DQ有多高?

撩乀落去，就能掌握不敗的細節。

擔任主管職逾二十年，每次和位居企業主的朋友談論用人之道時，結論幾乎都是一致的：撩乀落去，不怕髒，就是人才。但不幸的是，我有一個「撩不下去」的老爸。

三十年前，父親用三哥的名義向銀行貸了二千萬，想經營小家電東山再起，當時我已在這一行浸淫兩年，父親希望我幫他成立進口部門，順便陪陪罹癌的三哥，於是我毅然離開台北，回到台中。

一到老爸的公司，就聽見老爸在會議室訓斥幹部，三十分鐘後，七、八個幹部們垂頭喪氣，魚貫而出，坐在裡頭的老爸一臉神氣。我心中一陣不祥，詢問老爸：「公司多少員工？人事開銷一個月多少？公司加倉庫房租一個月多少？現金流有多少？」

得到答案後，連忙向會計室調了上個月的損益表，天哪！一個月人事加土地成本上百萬，毛利卻不到二十萬，簡直是在扮家家酒。我趕快告誡同樣回來幫忙的兩位哥哥：「老爸半年內會倒，能離開馬上離開！」但基於「孝道」，他們都留了下來，但我隔天就開始計畫轉換跑道，最後走上教職。

如我所料，老爸的事業半年後倒了，罹癌的三哥也成了負債一千多萬的票據犯。此後老爸又嘗試各種飲食業，但他永遠是兩手插在口袋，出一張嘴，下指令叫「手下」的員工動手，當然，每做必倒。

現在老爸已年逾八十，每次聚餐總是提起他的創業夢：「只要給我五十萬，不管是投資股票或任何行業，我保證一年後賺個一百萬沒問題。」

去年我終於忍不住，把憋了二十多年的話一股腦兒傾瀉而出：「爸，太乾淨的手是賺不了錢的。以前我進口小家電時，下游銷售量最大的是三重的一對夫妻，先生是司機兼業務，老婆是總機兼會計，他們一個中秋節禮品的營業額可以做到你的兩倍，但公司員工數不到你的十分之一。」

這大概是老爸第一次專心聽我說話，我繼續不吐不快：「只有第一線動手的人最能夠感受到市場的脈動，他們的決策可能比老闆還準，所以王品的店長及決策小組一定是從基層出身，上層的人也必須時常回到現場走動。但你賣麵不煮麵，開店不顧店，永遠怕髒，永遠不動手，就永遠不了解細節，也永遠缺乏執行力。」

這是我第一次，也是最後一次對老爸「吐槽」。老爸不到三十歲就取得川崎摩托車（Kawasaki Motors）的三縣市獨家代理權，在台灣經濟起飛的年代，舒舒服服，一個月可賺一棟樓房，但「早出日不成天」，他以為複製過去的經營模式，就可以成功一輩子，但他錯了，一輩子也毀了。

在台灣，有一些像我老爸一樣的「決策者」，他們乾淨的雙手插在口袋，不了解現場，沒有實務操作經驗。當他們一決策，人民就跟著陪葬。

我稱他們是「專家」，以與日本、德國的技術「達人」做區分。他們嫻熟理論，拳拳服膺學術，因此常被尊稱為「學者」。他們讀過許多「過去」的書，東拼西湊後，得到一個學位或名位，開始指導眾生面對「未來」。例如，沒從商經驗的教你怎麼做生意、不會創作的人教你如何欣賞文學、沒幹過行政的教你如何在學校「領導」老師。更可怕的是，沒念過高職的博士（以前會念書的，很少人念高職）擬定的教育政策，幾乎毀掉台灣技職教育。

有位擔任科技大學教職的朋友感嘆道：「以前工專時代，學校要花很多錢買機器讓學生上實習課，但教育部讓我們『升格』為科技大學後，實習課緊縮，學校成本降低，蓋教室學理論就能給文憑，董事會和學生都高興。但現在看到科大畢業生薪水比以前的專科生低，真的很心痛……我們真的是一起毀掉了台灣的技職教育，導致今日『有人無才』的產業空洞化危機。」

車王汽車的老闆李國裕以曾收過的員工為例，有位台北科技大學車輛工程系畢業的學生，居然連輪胎都沒換過。追問後得知，這位學生高中畢業後接著讀科技大學，但一路升學過程都以考試為主，根本沒真的碰過車子。

不怕髒，文組學生也能成為工廠老闆

畢業於台北工專（北科大前身）的和碩董事長童子賢曾感嘆說，台灣會出現缺工與失業率同時居高不下的窘境，就是因為教育體系出了問題；社會上對大學的虛榮心毀掉了技職教育，也造成大學生「畢業即失業」的困境。

教改的精神是對的，並非一無可取，但眾多「學者」卻因未「撩落去」了解教育現場，也不考量國家產業的需求，硬塞入不適合的必修課程，甚至再對一〇八課綱，學科減時數、教材簡易化的第一屆學生，推出史上最難的數A考題，打擊現場老師，更打倒學生的學習信心。

「學者」們純理論式的紙上談兵，加上閉門造車的擬定教育政策，讓門外的學生越讀越苦，補習班越開越多，學生越補越累。二〇二一年，國中生每十人就有六人補習，高中生平均每三人就有一人補習。根據統計，一〇三學年度平均每名高中生花在補習的費用僅三萬五千九百二十三元，到了一〇七學年度，平均補習花費為五萬七千零三十三元，是一〇三學年的一．六倍；國中生也不遑多讓，每學年平均花費五萬一千八百二十四元補習。

「學者」怕髒，無法屈身碰觸土地，不代表下一代不能改變思維，不要跟著陪葬。但可惜的是，「怕髒」的思維已根深柢固在多數新生代的心底。

詢問一些大學畢業生的職業選擇，竟然有許多人的第一選項是「大樓裡吹冷氣的白領階級，薪水低一點沒關係」。曾經大家一窩瘋選擇「觀光餐飲」，許多人只看到這行光鮮亮麗的一面，最後才發覺，因為讀了太多理論，沒有足夠時間學習核心技術，最後只能低薪低就，永遠翻不了身，成為全球化浪潮中最容易被取代的一群。

然而，只要「不怕動手」，離開學校後，仍然可以靠「做中學」累積關鍵能力。

我有位高中同學，書念得不好，重考後才上私校國貿系。畢業後，擔任進口醫療器材業務，但境遇多舛，醫生不見他，老闆無心經營。最後，他費盡千辛萬苦，從醫生處了解醫院的需求，在老闆離去後，借貸扛下公司代理權，最後發掘出產品技術關鍵，得到澳洲原廠授權在台生廠。他曾自豪，對於產品製程，念國貿的他比化工系的畢業生還熟。問他原因，他謙虛回答：「我比較不怕髒吧，遇到問題，就東摸西摸，最後連機器也搞熟了。」

這位同學現在更發揮「不怕髒」的精神，嗅到高齡化社會的未來需求，藉由醫療的網脈，包下某間署立醫院後方整座養老院的經營權，現在已是多家公司的大老闆。他不畏困難，喜歡動手解決的習慣，使他掌握了許多細節的核心能力，在新冠疫情來臨時，他所製造的世界級呼吸管也拯救了無數的生命。

#耐髒力二

「動手做」，才能永保「護國神山」

當我們願意再開始培養動手做、不怕髒、懂細節的高DQ人才，台灣那隻曾經打遍天下無敵手的「黑手」，才會重新長出來！

鄰人阿興比我小很多歲，生在創業不易的年代，雖然只有高工補校學歷，但喜歡動手組裝腳踏車，如今已是一家腳踏車工廠的老闆，每年有數億的外銷營業額。前陣子他感慨的說，有位大學機械系畢業的員工對他抱怨，為何薪水拿不到四萬。他對這名員工說：「薪水代表的是你目前解決問題的能力，你以前只會讀書，動手做的訓練太少。若你讀書時期就有操作與實習的訓練，現在早就有設計及改良腳踏車的能力，薪水何止四萬？」

跳脫書本的純理論學習，加入操作與實習的德國雙軌教育，正是阿興喜歡的制度。

我曾邀請德國雙軌教育下的受惠者、二十二歲的卡洛琳（Caroline）到校與同學交流。

卡洛琳是大學生，也是愛迪達的員工。在重視理論與實務的雙軌教育下，她三個月工作、三個月讀書。讀書日是從早上到晚上，一天上足十二小時的課，只要翹掉兩堂課，就會被愛迪達開除。讀書是為了增加解決職場問題的能力，每天要學得扎實，活得充實。

近年來，德國在全球不景氣的環境中，仍保有輝煌的經濟發展與全歐洲最高就業率，和德國重視理論與實務的教育制度有必然關係。成功大學孫全文教授指出，有超過五五％的德國企業願意參與雙軌教育訓練。

二〇二一年，清華大學成立「半導體研究學院」，邀請前台積電研發副總林本堅擔任院長，就是希望將理論與實作合一，重拾「動手做」內化知識的精神。

林本堅在接受《財訊快報》訪問時表示，二〇〇二年英特爾拉攏摩托羅拉、超微（AMD）等公司成立EUV LLC產業聯盟，希望大家共同出資研發EUV（極紫外光）設備，並應用於未來的四十奈米與六十奈米。當時台積電也希望加入EUV聯盟，但因只限定六家廠商，IBM搶走了最後一個名額，台積電被排擠在外。「台積電無法參與EUV聯盟，只好自己想辦法，轉而研發浸潤式微影技術。今日就先進製程技術來看，台積電反而大幅超前，穩居全球晶圓代工一哥寶座。」

林本堅在半導體研究學院成立典禮時表示，半導體領域可分為元件、製程、材料、設計等四大環節，而半導體學院正是以此劃分為四部，學生無論選取哪一個專長，都需要同時具備其他三項的能力。懂理論的，也必須搞懂現場的製程。

越習慣動手，越不怕動手

這幾年許多人問我，身為英文老師，為何能教國文寫作？其實我很想回答，如果你和我一樣，批改學生作品時，不是只改錯字、給評語，而是每篇文章都與學生討論三次以上，一年面對面指導學生超過三百次、持續二十年超過六千次。甚至，為學生辦文創營、文學獎與寫作社團，與學生一起聽了超過兩百場文學講座、二十年累計超過四百頁聽講筆記。然後，你也能搞懂寫作教學的細節，甚至將細節整理出來，成為出版十萬冊的暢銷書。

其實，不僅寫作，面對新知識，只要願意「撩落去」練「手感」，都能加速學習。我在大學畢業後，一無所長，大四時考預官，英文只拿八分，但因為「撩落去」在貿易公司使用英文，最後不僅成為進口部小主管，還搞懂了一輩子學不會的文法，成為英文老師。

進入學校後，面對教改，必須快速精熟各種知識，才能與時俱進。所以我決定再啟用「動手做」的學習法，直接指導七個社團，最後在短時間內摸熟了模擬聯合國、學習歷程、校刊、社會參與、國際教育、網界博覽會、雙語教育等專業。甚至，在這些領域不斷書寫出版與獲獎。

人是慣性的動物，越習慣動手，越不怕動手；越習慣紙上談兵，越怕動手。而這樣的蝴蝶效應，也會導致日後能力的差距。我常感慨，許多夥伴都缺乏了走出舒適圈、動手處理細節的習慣。

大人是孩子的鏡像，當我們這些曾經四肢不勤、只會念書、靠考試爬到這個位置的長輩，不再兩手插在口袋，願意彎腰撿起一片垃圾，孩子便能學會動手；當我們願意示範把一座廁所掃乾淨時，孩子也能學會不怕髒；當我們願意坐下來，處理共同的困境時，孩子將學會面對細節。

考試第一、升學至上、動腦不動手的教育思維，已讓台灣長成頭重腳輕的失能怪獸。當我們顫巍巍的立在世界競局的十字路口、進退失據時，如果不再強調IQ，而開始培養願意動手做（do）、不怕髒（dirty）、懂細節（detail）的高DQ人才，或許幾年後，台灣那隻曾經打遍天下無敵手的「黑手」，會再重新長出來！

#遠距力

遠距自學的六個好習慣

命好不如習慣好。人都有惰性，當意志力打不倒惰性時，好的習慣，可以。

有一天線上教學時，問起學生這陣子的學習效能，竟然八〇%都說變差了。重點是，日後的各種考試仍會準時到來，誰在這陣子學習落後，誰就可能在大考日「悔不當初」。

教育部已明定，暑期若有輔導課仍會採用遠距教學。加上人類在

十四、十六世紀的鼠疫，與二十世紀的西班牙流感，都會有第二波及第三波，我們恐怕要有與新冠病毒長期抗戰的準備。所以，「停課期間在家自學」可能成為常態，不能不預先為其備戰。以下整理五個在家自學的好習慣，提供大家參考：

一、打開鏡頭

關掉鏡頭的時候，容易不小心玩起手機，或是做其他事分心。一位在美國求學的學生，因為疫情開始線上學習，成績一落千丈。等到她發現問題，打開鏡頭上課，學習的量能就上升了，還因此申請上世界百大名校。

二、做筆記

胡適博士說：「發表是吸收的利器。」我曾經讀過一篇論文提到，如果跟學生說，上完這堂課，你必須將重點講給別人聽，學習的效能可提高三〇%。而且好的筆記回傳老師，不僅平常分數大加分，還能成為升學的學習歷程。

三、做練習

遠距教學會造成小考減少，也因為練習次數減少，學習的嫻熟度會降低。因此一定要強迫自己，上完課就做習作或自修的習題。

四、主動參與討論

上學期的專題課後，我問一位本來害羞的同學，為何在鏡頭前變得勇於侃侃而談。她回答：「不用面對同學，我更敢發言。」

二〇二一年暑假，與加州姐妹校峽谷大學共同開設的國際班線上課程，也發現原來不敢發言的學生，在討論的參與度上更勝以往。有幾位學生，甚至會打開麥克風，主動提問，這都是以前上課很少發生的。期末我給這些學生很高的分數，因為我知道，只有真正投入的學生才會主動發問。

五、不怕敲老師

一位考上醫學系的學生，回校分享時，最強調一點：「卡住時，要馬上問老師。」數、理、化只要一點卡住，整晚都不會有進度，這時只要線上問老師，一下子就解開了。許多學生晚上會敲我，講寫作或英文文法，一般三到五分鐘，便可迎刃而解。

六、起來動動

螢幕看久了，眼睛會疲勞。一直坐著，大腦會缺氧，注意力也會遞減。這時候只要起來走動，拉拉筋，精神就回來了。也可與幾個好同學，找一個健身的影片，固定時間一起運動，不僅可以減少在家的孤獨感，也可分泌快樂的腦內啡。

命好不如習慣好

疫情對全球教育造成的最深遠影響，是遠距教學成為常態，甚至遠距學習得到的文憑也不再被歧視。例如峽谷大學國際部副主任的博士學位，就是用遠距拿到的。

兩年前，有位申請到新加坡念大學的學生，因為疫情出不了國，兩年都必須留在台灣遠距學習，但她拿到學位後，也順利申請到英國的研究所。

跨空間、跨時間、跨年齡、能即時／不即時線上討論的遠距學習，可以降低未來取得學位的成本。而且因為擁有學員完整學習紀錄，受到越來越多業界的認同。然而，千萬不要忘記，遠距學習是強調以學習者為中心的主動學習，只有養成良好習慣的人，才可以得到最大的利益。

命好不如習慣好。面對鏡頭，人都有惰性，當意志力打不倒惰性時，記得，好的習慣，可以幫你成為遠距學習的最大獲利者。

#機會力

機會留給三種人

機會是留給「準備好的人」，也會留給「創造機會的人」和「沒準備好，但把握機會，邊做邊學的人」。

小時候的我很喜歡玩一種紙上遊戲「世界大財主」，其中有「機會」卡及「命運」卡，內容呼應台灣當時的政治氛圍，例如「機會」卡中的最大獎是「檢舉匪諜」獲獎金三千元，「命運」卡中最棒的是「做國民外交」，獎金二千元。

當時不了解兩種卡牌的意義，現在才明白，機會可以改變命運。

許多人渾渾噩噩過完一生後，給自己一個藉口：「我這輩子一直沒遇到好的機會。」其實，每個年代的人都有不同的美麗與哀愁。

例如台灣三、四年級物質生活差，但適逢經濟起飛，創業機會最好；五年級充分就業，但遇到高利率，創業不易；六年級可買到最划算的房子，但職場的好位置常被嬰兒潮的四、五年級占住；七、八年級享有最佳的物質條件，卻遇到全球化及高教氾濫的雙重夾殺，許多人陷入貧窮化的窘境，但他們是第一批數位原住民，擁有二十一世紀最需要的資訊能力。

我曾自怨自艾生錯了年代。因為畢業後起薪不高，在台北工作三年，每個月竟然還存不了一千元。後來結婚買房，房貸利率高達一二%，幾乎壓垮我的健康。

那時候覺得一生的三大夢想：經濟自由、環遊世界、當作家，永遠是鏡花水月。後來，有了改變的契機，是從我了解「機會」這兩個字開始。

網路時代帶來圓夢的機會

我們常說，機會只留給「準備好的人」。其實，「機會」也會留給另外兩種人，一是「創造機會的人」，二是「沒準備好，但把握機會，邊做邊學的人」。

離開台北後，我到中部一所補習班擔任「輔導老師」的工作，不能上台，只能給學生問問題。知道自己實力不夠，只是當薪資五分之一的二軍，但我夠努力，邊做邊拚命學，一年後成了一軍，開始邁向經濟自由之路。

考上公校後，學校有兩個處室負責國際教育，我待的圖書館並不是主管國際教育的行政單位，但沒關係，依然盡量創造機會參與。想不到，最後學校在圖書館成立國際教育組，我也因此走訪了十幾個國家，實現環遊世界的夢想。

為了實現寫作大夢，我創辦了很多文學活動，藉機認識作家，其中兩位成了我的老師，我學會寫作了，但還是默默無聞。

現在沒有時間玩「世界大財主」了，但我已明白，每個人會翻到不同的

「命運」、「機會」卡牌。如同四十歲時，進入網路時代，我開始在臉書發表文章，因為臉友的分享，被出版社看見，因而出了第一本書。雖然那時，我已經四十七歲了。是的，是網路時代帶來的機會，實現了我的作家大夢。

機會很重要，但請記得，不能只靠骰子給機會，我們可以主動創造機會，甚至隨時把自己準備好，等到機會來臨時，才可以牢牢的抓住機會，翻轉命運。

#玩家力

玩中做，才能多做多得

能力是玩出來的，多數人進入職場後，失去遊戲的熱情，死守單一能力，最後只能在精采的人生賽事中，當個搖旗吶喊的觀眾。

一一一學年度的會考作文以「多做多得」為題，要考生思考，「多做」的人真的可以「多得」嗎？

其實在組織中，願意多做一點的人大都擁有三個特質：一是責任感，因為他看見重要的事沒人做，就主動扛起責任；二是學習熱忱，因為他服膺

「學習金字塔」理論，而「做中學」就是最有效率的學習；第三點最重要，是玩心。

擁有前二項特質的人，做久了，容易身心俱疲。只有玩心，可以讓人樂此不疲，最後因為玩得夠久，累積最多專業，成為一方之霸。

年輕時在廣告公司上班，一開始只負責文案。後來公司接了泰山企業四百萬的大案子，要設計總公司的標識（logo）和新超商的企業識別系統（CIS）。然而公司小國寡民，許多工作必須靠「認養」，例如業務代表問我會不會寫企業診斷書，英文系畢業的我竟然回答：「給我一個星期，我一定寫得出來。」其實我那一整個星期就是帶著「玩手遊過關」的玩心，參考不下三十本企管書籍，一關接一關，邊學邊做。一星期後交卷，安全過關。

有一天，師大美術系畢業的老闆，拿著他心愛的Canon F1機械相機問我：「小蔡，想不想玩一玩？去把外面各種CIS都拍回來，簡報時要用。會拍嗎？」「不會，但老闆，我願意學。」老闆見我初生之犢不畏虎，就教我簡易的操作，再把冰箱裡三卷柯達正片遞給我：「把它拍完吧！」

那天下午，每次機械快門擊發的清脆聲，都給我極大的快感。那風風火火的幾個月，我做了許多原本不屬於我的工作，但真的「多做多得」，我得到了攝影、平面設計、新聞處理、行銷、企業診斷等一生受用無窮的專業。

要不要一起玩，幫我們守上半場？

記得十幾年前寒假訪問波士頓姐妹校時，接待我的艾瑞克（Eric）老師問我：「晚上我們有足球賽，守門員下半場才能到，要不要一起玩，幫我們守上半場？」

沒碰過足球，馬上推辭，但艾瑞克教我幾招守門員的基本動作後，玩心大起：「Why not? Let's play!」

晚上艾瑞克載著我，在新英格蘭寒冷的冬夜，沿途「撿」起一個個隊友，每一個都年過半百，比我老。在車上，大家自我介紹，才知道這是一支國際兵團，另三位隊友分別來自巴西、愛爾蘭與西伯利亞。

到達海邊的球館後，我換上球鞋與手套，詢問有無護目鏡，在無所獲後，哨聲響起，我衝進場內，蹲好馬步，祈禱未來三十分鐘內，球不要打中換過人工水晶體的雙眼。

開踢後，兩隊長傳急攻，腿力驚人，球館內雷聲大做，我開始後悔了，這哪裡是艾瑞克講的業餘玩家。賽後詢問，一如猜測，場上每一位球員都踢過校隊或俱樂部。對方的前鋒，以前還踢過墨西哥的社會組。

但我自認手長，平常有運動習慣，或許還可以靠不錯的手眼協調矇混過去。第一球，右膝擋住了；第二球，狠狠正射，雙手拍出，隊友忍不住叫好，我們竟然領先了。

「Beginner's luck!」（初學者的好運），我如是回應隊友。但知道，運氣終將跑向有實力的一方。

看過台灣全明星運動會的人都知道，五人制足球得分快。

「蹦！」墨西哥球員起腳，以為接住了，但球的尾勁太強，震開後，擊中我的右眼，反彈應聲入網。我跪在地上懊惱，不僅是擔心眼睛裡的人工水晶體，更生氣的是，分數被超前了。來自巴西的隊友衝向你：「Are you OK, Vincent?」

「I am fine.」我勉強睜開一眼：「I'll hang on till the goalie comes.」（我

會撐到我們的守門員來）。

球賽進行二十分鐘後，已七比七平手，這時我祈禱「真正」的門將趕快出現。但接下來十分鐘，所有不希望發生的全部發生了——眼睛真的被球擊中了，電光石火間，球從你的胯下、耳邊，一球球入網，待半場結束，我們已落後三分。

來自波多黎各的門將終於趕到，將手套交給他，他拍拍我的肩：「別擔心，我們會贏回來。」

新門將超猛，擋下一記記強襲球，但時間不站在我們這一邊，最後一分鐘，門將不守了，也衝到前面進攻，但最終還是以一分飲恨。

大家在更衣室像鬥敗的公雞，我忍不住喃喃自語：「對不起，是我輸掉了球賽。」這時隊友一個個走來，抱著安慰：「這不是你的錯，你已表現得非常好了。」

在回程的車上，大家興高采烈談論春天要到艾瑞克的故鄉、加勒比海的阿魯巴度假兼踢球，好像忘了剛剛的輸球，我似乎也輕鬆了點。但當我假寐時，恍惚聽到愛爾蘭與西伯利亞隊友的對話：「很可惜，若贏了這一場，我們就是積分冠軍了，唉——沒關係，明年我們再來！」

回到艾瑞克家後，忍不住再度致歉：「對不起，我害你們拿不到冠軍。」艾瑞克這時已泡了熱茶，然後說：「你知道英文字『比賽』與『選手』的意義嗎？」

「當然知道，game是遊戲的意思；player是遊戲的人。」

「這就對了，文森（Vincent），你要有遊戲的心，得失心不要太重。By the way，上星期我們溜冰橫越一片湖後，我問你，為什麼你可以累積這麼多的能量？你記不記得當時的回答？」

「忘了。」我還在內疚。

「你說，那是因為你常保一顆遊戲的心，不怕輸。」艾瑞克捶捶我的肩：「player，明天還有很多game，我要先睡了。」

那一晚，新英格蘭開始飄雪。睡前，我想到過去幾年，像個孩子，每天找玩伴，一起玩品格校訓、一起玩國際教育、一起玩詩社、校刊、公民運動。一開始總會輸掉幾場比賽，但最後終能學會得分。

二〇二二年指導專題，參加國際網界博覽會，得到最高榮譽白金獎；指導的學生，也拿到三個全國文學獎首獎；另外，校刊也連續八年在全國比賽中穿金戴銀。真的，開始得分了。

多做多得，成為世間最快樂的強者

真的，能力是玩出來的。特斯拉的創辦人伊隆・馬斯克（Elon Musk）就說過，他的企業是玩出來的。因為有玩心，所以當他開發的火箭SpaceX不斷失敗時，他還能重啟play鍵，繼續玩下一回合，最後才能在二〇二二年三月，讓SpaceX在十六天內執行四次任務，至今發射二千二百八十二顆星鏈衛星。

可惜的是，多數人進入職場後，失去玩心，死守單一能力，不肯多做一點，最後只能在精采的人生賽事中，當個搖旗吶喊的觀眾。而真正下場玩的人，卻能不斷的受傷、療癒、學習與成長，最後因為「多做多得」，成為世間最快樂的強者。

是的，**我們的能力永遠不足以應付瞬息萬變的世界，但不表示我們要失**

去下場挑戰的勇氣。太陽升起後，永遠有陌生的賽事邀約，只要玩心還在，還是可以咧開嘴，對這個世界大聲回覆：「Why not? Let's play!」

#幸福力

感恩，是幸福的種子

哈佛大學歷時七十五年的研究，終於發現幸福的秘密。原來，那就是感恩！

幸福比成功重要。

幸福是人類一生的終極追求，所以一打開網路，就會看見各種專家與名人談論幸福的祕訣。探究幸福的書籍，汗牛充棟。然而，唯心漫談，莫衷一是，是否有科學實證能給予我們終極的答案？

有的，哈佛大學從一九三八年起，開始追蹤七百二十四位成人，並在七十五年後，當存活的受測者已達九旬耆齡時，揭曉謎底：原來**幸福人生的關鍵，在於建立良好的關係**。

這個答案看似清楚，卻藏有貓膩（「不合常理」的意思）——什麼才是得到幸福的終極操作？

另一份科學實證也給了我們明確的答案：**得到幸福的關鍵，就是感恩**。

加州大學戴維斯分校的心理學家羅伯特．埃蒙斯（Robert A. Emmons）和邁阿密大學的邁克爾．麥卡洛（Michael McCullough），曾於二〇一五年發表了一項感恩對身體影響的研究。三分之一的受測者被要求每天記錄下感恩的事。為期十個星期後，感恩組與對照組相較，變得更樂觀積極，看醫生的次數也變少。

我曾在青少年階段陷入極大的憂鬱，因為在高中、大學、成功嶺受訓期間，以及初入職場時，數次遭遇友誼的背叛。高中遭逢霸凌時，周圍朋友無人挺身，使我對人性失望，甚至有了輕生的念頭。在書包裡，放了半年想尋仇的刀子，在夜深人靜時，數次將刀尖對準手腕。

然而過了不惑之年後，我竟自覺是世上最幸福之人，而幸福的來源並非世俗認定的金錢。我的幸福泉源，來自友誼與親情，也就是哈佛大學所定義的「良好關係」。

「你是少數會一直向我說謝謝的人，」十幾年前，初識詩人時，他有感而發。詩人身兼台灣最大詩社的主編與大學教授，又是兩大報新詩首獎得主，春風得意，看盡長安花。然而他常浩歎：「人們接近我，都想要一點好處，但往往不知感恩，得意後盡是文人相輕。」

兩個曾經對友情失望的中年人，一見如故，自此每週相會，十五年不輟。每當我們手持一杯拿鐵，共賞朝暉夕陰時，常常相視而笑：「兄弟，原來幸福這麼容易，不用花大錢，有一個說南道北的朋友就夠了。」

我對詩人總是心懷感激，因為他的學養補足我最缺乏的文學理論基礎。因為同氣相求，耳濡目染，我打通了寫作理論與操作的甬道，也因此開始獲獎，甚至出版寫作書。有這樣肝膽相照的的良師益友，幸福指數大爆表。至於過去那些「口惠而實不至」、「機關算盡」、「不知感恩」的朋友，不妨就將他們一一放生在時間的洪流裡。

事實上，如同「吸引力法則」，一個懂得感恩的人，年紀越長，越容易找到「路上相逢通名姓、風雲至正雨開花」的一生摯友。今日，我擁有無數人之大者，兄弟相稱，肝膽相照，以情以義，相知共老。才知道，青春期的寂寥，源於限縮的生活情境，當浩氣仍在、忠義不改時，便能與天地豪傑深交，死生契闊，相忘江湖。

我們正進入「不說謝謝」的世代

近日許多家長來電，抱怨孩子越來越自我，長此以往，害怕他們會像新竹市造成八名親人死亡的縱火犯一樣，毫無感恩之心，將他人的付出視為理所當然。

接完電話，我也是百感交集。教書前期，每年教師節或畢業季總會收到學生滿滿的感謝。卡片、杯飲是基本款，鮮花、點心更是沒少過。過了幾年，卡片少了，許多老師都發現校園氛圍變了，但仍可告慰自己，至少學生還會口頭致謝。但這幾年「驚」覺，竟然一聲謝謝難求。現在指導學生拿到文學獎後，學生都不說謝謝了。

才二十七歲、已指導學生拿到三座全國首獎的女兒「告誡」我：「爸，比賽前，我都會提醒學生，要習慣說謝謝。你不要覺得不好意思，你必須要求學生說謝謝。不要求，反而會害了他們。」

女兒的話一語驚醒夢中人。想起女兒小時候，不習慣向長輩打招呼，也不好意思說謝謝，但我總是不假辭色：「沒有人是高人一等的，連服務生送餐時，都要說聲謝謝。」想不到現在女兒身為人師，比我更嚴格要求。

也因此，隔日的網課，我第一次對學生說出心中的遺憾。課後，收到學生靜棻（化名）的回覆：

「淇華主任，我一直沒有對您說謝謝，但您依然願意告訴我，說謝謝的重要性。您對我們一直都是盡心盡力，沒有因為我不懂得感謝就放棄我，這讓我很慚愧。這樣的行為態度，我一定會改掉。主任的話讓我意識到『想說謝謝』跟『說出謝謝』之間的差距是很大的。」

感恩說出來，更要做出來

根據內政部統計，二〇二〇年台灣有高達五萬一千六百八十對夫妻離婚，比率位居亞洲之冠。行政院主計處的統計顯示，截至二〇二〇年底，台灣二十五歲至四十四歲的適婚年齡層，未婚率達四三．二％，創歷史新高。

如今越來越少人走入婚姻，越來越多人離婚。然而，所有年齡層中，以三十五歲至三十九歲離婚率最高。許多專家學者試圖對離婚率飆高提出解釋，最多的歸因是「一方付出過多，另一方不懂感謝」。

台灣流行中年離婚，日本也盛行「卒婚」一詞。原來，卒婚是指夫妻不解除法律上的配偶關係，但因為夫妻激情不再，兩人決定各過自己的人生，過一種名存實亡的夫妻關係。根據日本不動產公司リンクハウス，對三十歲至六十歲的二百名日本女性為對象調查，想要跟丈夫卒婚的女性竟高達五六．八％。

「我不想再為丈夫做牛做馬了！」

「我受夠了不知感恩的丈夫！」

許多妻子說出她們對婚姻關係的失望。

記得結婚初期，一日邀功跟妻子說：「我幫你把碗洗好了。」妻子困惑回答：「為什麼是『幫』我呢？家事不應該是我們共同的責任嗎？」妻子的話使我赧然，原來我習慣將家事視為妻子的責任，每天回家吃完晚餐，就把碗盤往水槽一丟了事。

妻子和我一樣上班，三角貿易船運的業務非常繁雜，下班後常是勞累不堪。但回家後，我和女兒就自動設定為「耍廢」模式，妻子卻不得休息，繼續料理晚餐、拖地、洗衣、洗碗，早上還必須最早起，為全家人準備早餐。難怪，她總是一臉疲倦。

我與女兒分享我的醒悟：「媽媽快累垮了，最近她身體又出了狀況，我們必須一起分攤家事才行。」所以這幾年，我們回家後會主動收衣、洗碗、做回收。老婆和我會彼此說謝謝，每天就寢前，我會衷心向妻子說：「謝謝你，可以娶到你，我運氣真好。」

現在與妻子都已年過知命，髮色飄霜，但每日見面仍有初戀時的欣喜。終於明瞭，原來起源於「激情」的「愛情」，當走入婚姻後，「感情」將慢慢變淡，但如果雙方有感恩的心，則會感受到溫暖的「恩情」，而深度的**「感恩」會成為「感激」，此時「激情」再現，夫妻就能享有長久的幸福感。**

哈佛大學歷時七十五年的研究亦顯示：五十歲時對婚姻最滿意的，八十歲時也是最健康的。真的，趁年輕的時候養成說謝謝的習慣，常保感恩的心。越感恩，你一定會越幸福！

#愛戀力

他喜歡你，但不愛你

陽光溫熱，歲月靜好，你還不來，我怎敢老去。

——張愛玲《傾城之戀》

「爸，你喜歡狗，但你不愛狗？」女兒突然說出充滿禪機的話。

「蛤？什麼意思？」

「你『喜歡』和狗一起玩，卻不想為狗狗清大便，所以你不『愛』牠們。」

天哪！當頭棒喝！謝謝女兒的「開示」，我剎那間懂得「喜歡」與「愛」之間的差別了。

年輕時，我很容易喜歡上外表亮麗的女孩，但相處後，腦中常會出現張愛玲的名言：「人生就像一場舞會，教會你最初舞步的人，卻未必能陪你走到散場。」是的，直覺告訴我，她們不會是陪我走到人生最後一天的人。

直到遇見了妻，我終於知道，就是她了。她不在乎我身處破產家庭，她看見我的努力，相信我會走出困境；她不在乎我過去的幾段情史，因為她知道，我經歷過那些風浪，能幫我更了解如何掌穩愛情的船舵。

是的，真正的愛，是「連過去的傷口，都能愛進去」。

妻子難過時，總是默默承擔，但我終能讀懂她的心。原來她的口拙，是不想吐出任何傷害的言詞。我決定向她學習，溝通時不出惡言。也因此，相處逾三十年，兩人從未吵過架。

是啊！愛，怎捨得說傷害？

上星期，學生小娟（化名）回校，分享她在「紅塵中獨守一盤愛情殘棋」的困境。

「他說，他愛我，但他也愛她。」小娟紅著眼眶說。

「那你痛苦嗎？」

「當然痛苦，但我捨不得放手，我是那麼愛他。」

「你必須接受一個事實，」我長嘆一口氣：「他喜歡你，但不愛你。因為真的愛，是捨不得傷害，捨不得劈腿當海王，讓你傷心。你男朋友真正愛的人，其實只有他自己。」

同樣的劇本，每年都在上映。

去年夏天，相貌秀麗的小芬（化名），十萬火急用line語音來電：「老師，我想告我的前任男友，可以幫我介紹一位律師嗎？」

「到底發生什麼事？」

「他和他的現任女友在網路上說我的壞話。」小芬娓娓道來錯綜複雜的情事：「老師，你知道，我外表好，所以追我的人很多。最後我會選擇前男友，是因為他都送我最昂貴的禮物，帶我到最奢華的餐廳。因為他那時玩期貨，賺了很多錢，當他用錢來砸我，我就被他追上了。」

「唉，你怎能靠這些外在的享受，就相信那是真愛？你真的懂這個人嗎？還是你把對物質的喜歡當成了真愛？」

「老師，我真的錯了。他最後期貨股市雙賠，向我借錢，到現在沒有還。甚至……甚至……」小芬欲言又止：「甚至我還為他拿掉過孩子，因為他說，如果是真愛，婚前是可以的……。」

「你那麼聰明的人，怎會搞不懂『喜歡』與『愛』的不同呢？他喜歡你的外表，但不是真的愛你，如果他真的愛你，為何不會考慮你身體可能遭受的風險呢？真的愛，會幫你成為更好的人；真的愛，會把你擺在自己之前；真的愛，會開始思考『永遠』這回事；真愛是，你受傷時，他比你更痛！」

電話那端，傳來小芬啜泣的聲音：「老師，為什麼要在經歷那麼多不幸之後，我才能懂得這些，為什麼以前在學校，從來沒有人教會我們這些道理？」

小芬的回應，讓我陷入深深的沉思：何時教？哪個科目教？誰能對愛情的道理一錘定音？

「離開他吧！去找一個，你相信在你生命最後一天，還願意為你換尿布、清大便的人，那才是真愛。」

「清大便？」小芬對我的勸勉有點詫異。

「呵呵，是的，那是我女兒對真愛下的定義。真愛，不是只喜歡你青春的外表，他會愛到你的靈魂深處。真愛，會穿著品格的盔甲。像英國伊麗莎白二世王夫菲利普親王一樣，像騎士般，為你抵擋人間所有的風雨。所以，不要再喜歡虛假浮華的外表，去愛一個好人吧！」

小娟和小芬離開後，會不會聽懂我的話，離開苦戀的漩渦？我不知道，但我衷心的祝福她們，能像張愛玲在〈愛〉一文中所描述的：於千萬人之中遇見你所要遇見的人，於千萬年之中，時間的無涯的荒野裡，沒有早一步，也沒有晚一步，剛巧趕上了。

#富貴力

運用財富，當別人的貴人

楊百翰大學研究發現，物欲不高的婚姻，比較幸福。

「好吧，那我就『勉強』再吃一份和牛吧。」

為了讓不喜歡念書的兒子與我對話，老朋友拚命撥手機，三次奪命連環call後，終於讓他家公子下床，與我們共餐。

「吃一點吧！」老友用充滿愛的語氣，勸孩子進食。

然後，這位睡眼惺忪的貴公子，點了一份和牛。結帳時，我瞥見帳單上的數字，一個高中男生的早餐，超過台幣一千元。這不僅讓人匪夷所思，而且，讓我很擔心。

我擔心，因為對金錢沒概念，他將一輩子失去快樂的能力。

父母的錢，不是你的錢

幾年前，一位好久不見的老同學來電：「你們學校有沒有工友或雇員的缺？如果有，可以介紹給我嗎？」

我非常詫異，因為二十幾歲時，這位同學就開雙B跑車，喜歡談論名牌。我知道他那時的收入不可能撐得起這身行頭，家裡應該有幫一點忙。好友本來有機會進入公家機關服務，但他嗤之以鼻：「那一份死薪水哪夠我零用？」

沒想到二十年後，工作出狀況，他渴望一份「死薪水」。

不知道好友現在開什麼車？穿什麼牌子的衣服？但有一件事我可以確

定，他如果懷念銀鞍白馬的歲月，一定不快樂。

現在學生用的手機常常比師長的都好。我常思忖，那些一出社會就用父母錢財購買蘋果手機的孩子，如果出社會後，發覺自己的薪水買不起名牌，會不會有曾經滄海的傷感？

我自小養尊處優，家中有司機、佣人，祖父住別墅，父親開凱迪拉克，一直覺得身處金山銀山，我會永遠富有下去。

直到考大學那一年，父親突然周轉不靈，我成了朋友間最窮苦潦倒的一個。大學時沒幾件衣服穿，一身寒傖，我調適不良，變得憤世嫉俗。與台北新潮的同學一比，常常自慚形穢，悶悶不樂。過了很久很久之後，我才了解，吃什麼，不重要，重要的是與誰一起吃；穿什麼，不重要，重要是保暖舒服就好；開什麼車，不重要，重要的，是可以抵達想去的地方；住什麼房子不重要，重要的，是與你同住的人，是否與你同心。

猶他州楊百翰大學（Brigham Young University）曾針對一千七百三十四對夫婦研究後發現，「物質主義（materialism）會對婚姻品質造成負面影響」，而且「雙方物欲都不高的婚姻，比雙方或單方物欲高的婚姻幸福。」

用財富衡量幸福，會更不快樂。心靈富足，才有真正的快樂。然而，這種豁達，往往在富過又窮過之後，才能抵達。

雷神索爾的「富貴哲學」

「雷神索爾」克里斯・漢斯沃（Chris Hemsworth）一年的所得可高達新台幣十億元，但他卻擔心這些財富會讓孩子失去「感恩的喜悅」。

漢斯沃和我一樣，成長的過程中曾經歷家庭破產。他小時候曾為了一個衝浪板存了好久的錢。在父親的幫忙下，存了一整年，才有能力賣下約新台幣一萬八千元的衝浪板。「這個衝浪板教了我許多，尤其是要感恩，還有你必須非常努力，才能得到某個東西。」

漢斯沃和妻子常常討論要如何對人事物表示感恩和尊重，而他們實踐的方式，就是將金錢花在需要的人們身上。在澳洲大火時，他大器捐出約新台幣三千萬元賑災。

真正的富貴，是手中有財富，心中有他人，捨得將財富捐出，當他人

的「貴人」。

好友T老師善於理財，已擁有台中市五件房產。他不炫富，不追求物質享受，他用的是低價手機，穿的鞋子是迪卡儂平價球鞋，卻捨得在每次月考後，請全班成績進步的同學吃大餐。T老師的摩托車修了又修，捨不得換，但換了特斯拉電動車後，卻捨得將價值幾十萬的Infinity舊休旅車送給需要的學生。他和「雷神索爾」一樣，因為樂於當他人的貴人，稱得上真正的富貴。

分享是快樂的乘法

美國大學的學術研究傲視全球，但大型研究所費不貲，單靠政府，力有未逮。幸而美國有富豪捐學的傳統，得以撐起美國大學的學術能量與傲人的國力。

例如美國最著名的私立大學、創建於一八八五年的加州史丹福大學，正是加州的鐵路大王、曾任加州州長的利蘭・史丹福（Amasa Leland

Stanford），為紀念他在義大利染病而死的兒子，決定以兒之名捐款成立。一九五九年，史丹福大學將一千英畝以極低廉的地租，長期租給工商業界或畢業校友設立公司，提供學生實習的機會。這個區域慢慢向外擴張，最後形成今日的「矽谷」。

當富豪捐學成為社會常態，學校也利用這些錢成立獎學金，培育更多財力不足的人才，這樣的良性循環，成就了一國歷久不衰的富貴。

曾是奧運划船選手與外交官的凱絲．畢曉普（Cath Bishop），在其著作《長勝心態》（*The Long Win*）中，對剛出社會的年輕人提出期許：「請先減少物質的欲望，因為一開始就為錢而工作，你將會失去你的理想性格，這會影響工作品質，最後導致事業上的失敗。」

這個社會往往會為我們設下一個虛浮的成功定義，例如必須考到好成績、上一流的大學、爬到一個位置、領到高薪，達到人們眼中的富貴。然而畢曉普卻認為，這種執迷短線的贏家文化已經顯現出種種危機，因為最終的贏家一定要避免追求表面的富貴，以免陷入空虛崩塌的人生。

這幾年出版的書籍在市場上得到不錯的反應，也因此，收入銳增。此時身旁出現許多聲音：「換一部雙B吧！」、「為何還用舊手機？」

我總是微笑以對：「我不想把所有的金錢都花在自己身上，因為分享是快樂的乘法。」這些錢很多用在協助學校國際教育、社團交通費、學生急難救助、買書送學生、弱勢團體捐款等。更多是存下來，當成父母年老的醫療費用。前幾年母親病倒了，這筆錢剛好得以應急。

追求金錢與富貴，絕對是正確的道路，但千萬要保有正確的心態，強者役物，不役於物。心理學家提安・戴頓博士（Dr. Tian Dayton）指出，要是對於金錢的渴望大到讓人無法控制，就是一種「占有上癮」或「行為上癮」，這與酗酒、賭博、暴飲暴食、吸毒等狀況的起因相同，他們會刺激大腦分泌多巴胺，產生興奮和快感，讓人難以擺脫，進而上癮。

紅塵一遭，最後會發現，真正的財富不是只有金錢。友誼、親情、愛情、以及與他人建立的連結，更是給我們身心安頓的重要財富。**若能懂得分享，理解「不缺曰富」之道，並實現「助人曰貴」之理，我們一定正走在富貴的路上。**

青春動力學 / 蔡淇華作. -- 第一版. -- 臺北市 : 親子天下股份有限公司, 2022.08
336面 ; 14.8×21公分. -- (定位點 ; 5)

ISBN 978-626-305-280-2(平裝)

1.CST: 修身 2.CST: 青少年

192.13 111010906

定位點 005

青春動力學

41個喚醒內在原力、找到夢想支點的起手式

作　　者｜蔡淇華
責任編輯｜王慧雲（特約）
編輯協力｜王雅薇、李佩芬
校對協力｜何鈺佩
封面設計｜黃育蘋
封面、內頁插畫｜ rabbit44
內頁版型設計｜ FE設計
內頁排版｜立全電腦印前排版有限公司
行銷企劃｜蔡晨欣

天下雜誌群創辦人｜殷允芃
董事長兼執行長｜何琦瑜
總經理｜游玉雪
總監｜李佩芬
版權主任｜何晨瑋、黃微真

出版者｜親子天下股份有限公司
地址｜台北市104建國北路一段96號4樓
電話｜（02）2509-2800　傳真｜（02）2509-2462
網址｜ www.parenting.com.tw
讀者服務專線｜（02）2662-0332　週一～週五：09:00~17:30
讀者服務傳真｜（02）2662-6048
客服信箱｜ bill@cw.com.tw
法律顧問｜台英國際商務法律事務所・羅明通律師
製版印刷｜中原造像股份有限公司
總經銷｜大和圖書有限公司　電話：（02）8990-2588

出版日期｜ 2022年08月第一版
定價｜ 400元
書號｜ BKELS005P
ISBN ｜ 978-626-305-280-2（平裝）

訂購服務：
親子天下 Shopping ／ shopping.parenting.com.tw
海外・大量訂購／ parenting@service.cw.com.tw
書香花園／台北市建國北路二段6巷11號　電話（02）2506-1635
劃撥帳號／ 50331356 親子天下股份有限公司